本书为中共贵州省委党校科研促进项目成果（项目编号：2024KYCJXMGR09）

《大学》讲习录

崔树芝◎著

九州出版社

JIUZHOUPRESS

图书在版编目（CIP）数据

《大学》讲习录／崔树芝著 . -- 北京：九州出版社，2025.4. -- ISBN 978-7-5225-3821-1

Ⅰ . B222.15

中国国家版本馆 CIP 数据核字第 20252N3V11 号

《大学》讲习录

作　　者	崔树芝　著
责任编辑	邓金艳
出版发行	九州出版社
地　　址	北京市西城区阜外大街甲 35 号 （100037）
发行电话	（010）68992190/3/5/6
网　　址	www. jiuzhoupress. com
印　　刷	唐山才智印刷有限公司
开　　本	710 毫米×1000 毫米　16 开
印　　张	11
字　　数	157 千字
版　　次	2025 年 5 月第 1 版
印　　次	2025 年 5 月第 1 次印刷
书　　号	ISBN 978-7-5225-3821-1
定　　价	68.00 元

代　序

立极成教明灯在，今时何不问古贤

王鸿生

　　数年前崔文棻《〈庄子〉讲习录》出版，本人在序中言儒家以天下为己任的担当情怀，给中国文化增添了一份明显的厚重。今日还可在此意义上再言，此天下情怀和厚重担当，塑造了中国传统文明的主色调，令其在世界上独树一帜，与众不同。就偌大的中华文明而言，若究其源，察其本，在很大程度上恐怕还是要回到儒文化的坐标。

　　据刘歆《七略》，春秋战国时期的诸子百家均出于王官，儒家是出于司徒之官。近人章太炎、胡适、钱穆、冯友兰等对此有所讨论，观点不尽相同，但都肯定儒文化与"王官文化"和"士文化"的深厚联系。而其代表，则首推周公、孔子。周公制礼，立王官文化之基。孔子以士的身份承先启后，为儒家开宗立派。而儒家经典中所蕴含的一系列核心价值和人文理念，可说是华夏文明的"初心"。再观数千年国史，大体上可以肯定，儒文化一直是中华文明的底色，其人文精神也贯穿中华文明的全过程。今崔文棻在《传习录》、科学史、《道德经》、《庄子》等讲习之后，又开"四书五经"首篇《大学》之讲，自是对儒文化的寻根追本，意在昭彰其人文内涵。值此全球各大文明相逢相交的无前变局，何不随崔文棻一道，对中华文明立于世界的文化原点，做一次不同往常的叩问。

　　作为20世纪少先队一代，本人自幼远离"四书五经"，虽祖父名讳明德，幼年却不解其意，唯亲其人，赖其呵护成长而已。后大学学工，入中国人民大学则研究科技哲学，仅知儒学属中国哲学，常敬对石峻先生，且与治此学的冯禹、宋志明两学长有交往，然论学未深。直至师从彭明先生读博，才由求索中国政治与科技的纠结，得遇牟宗三先生的"三统说"，遂不得不面对儒学经典，以求言之不外，解之不远。尽管如此，后来在韩国访研，牟宗三先生的韩国弟子李明汉教授提到"絜矩之道"，我还不能对答。于是才通读"四书"，以图补全基础。

《大学》原是《礼记》中的一篇，传为曾参所作。曾子平生有烹彘易箦之事，可见其为人做事皆有持守，故其作品必有所灌注，而非泛泛之言。南宋朱熹列《大学》为"四书"之首，且称之为儒者入德之门。《大学》言明明德、亲民、止于至善，讲格致诚正修齐治平，论及儒者为人处世之本，涉及行与止、人与我，担当与持守，修行与志向，甚至还讲了获取和支配财富的正道。或可说，《大学》从根本上阐释了儒家的内圣外王之道，其内容彰显了儒者学以润心、知以辅道、德以立身、仁以成事的文化气质。今崔文莱言，其《大学》之讲，乃正本清源，超迈汉宋，绍述阳明而有过之，且得古本之正脉，继古儒为新说。当此贞下起元之际，期继往开来之运。在其看来，《大学》之教，亘古亘今，得天地之正，宋儒以为孟子之后不得其传也者，何不大光于斯世也哉！就我所见，《大学》居首的"四书"之外，儒家经典更有"十三经"，近期则有卷帙浩繁的《儒藏》出版。但言辞简要的《大学》，有之则为儒文化立极张本，无之则儒文献神散色逊。故曾子之功，不可没也。凡欲一探儒文化门径者，必不能绕开《大学》。正所谓"物有本末，事有终始。知所先后，则近道矣"。

"四书"中《大学》之后的《中庸》，《史记·孔子世家》称子思作之。子思受教于曾参，又直接或通过门人再传孟子，孔孟之道遂成矣。可见《大学》之道承上启下，延伸致远，通贯儒学中枢。所谓中庸，即是君子应持守的刚强坚韧、深沉广厚的中正之道，凡事不过分，也无不足，是一种做人的原则和操守。《论语》乃孔门师生交流的行与思，内容涉治学、从政、为人、做事，从诸方面彰士之德行，明君子之道。《孟子》亦记师生行思。时在战国，天下汹汹，君子何以自处？孟子给出了不改其度，做大丈夫的答案。总体上，儒文化成为塑造中国人人格的基本文化元素，它赋予中国人一种独特的文化教养。可以肯定，其"仁爱忠恕"的信念、"立己达人"的情怀、"己所不欲勿施于人"的信条等，大大影响了中国的世道人心，是中华文明最恒久的文化支点，在一定意义上也是全人类的精神财富。

纵观中华文明的演进，可言乃为政治文化系统所主导。作为社会主流意识形态的道统，始终是由政统所创造或选择。例如，周公制礼，秦皇用法，汉武尊儒，以及所谓李唐在儒释道中称道，武周则又敬佛，以至于元明清的三教合流，容伊识耶，皆统治者所好或所许。中国文化数千年，不可能摆脱权力的各种扭曲，也同时容纳了周边乃至世界文明的要素，经历了由华夏到大中华的演变。其间沧海横流，举世滔滔有之；满目荆棘，率兽食人有之。而两汉经学、宋明理学，都是儒文化在历史中的坚守。即使隋唐以后科举制度把儒学变成一种进入官场的工具，也未排除儒者对理想的追求，儒学在人性深层的文明感召力从未泯灭。而且，在至高的皇权面前，真正的儒者秉持了"道高于君"的信念，保持了自尊。明末清初的黄宗羲甚至解构了君权，其政治文化的格局和探索勇气，恐怕就来源于《大学》。民国以降，君权不在，时人反孔，称道"德""赛"，西学涌入，不一而足，中国文化还有无现代价值，备受怀疑。然熊十力、马一浮、梁漱溟等新儒家又有探索，尤其是张君劢、牟宗三、徐复观等，再次阐明了儒文化对当今中国人的价值。

宏观中国社会的发展，儒文化不但有坚守，还有扩散。撇开在东亚多地的影响不说，其一些基本理念渗透了传统文化的许多方面。儒家的王道思想对统治者有直接的影响，比如，清代乾清宫的"正大光明"匾，其义就出自《周易》，只是立足于君而已。在古代司法领域，则有天理人情国法的平衡统一。在学术领域，文则韩昌黎，史则司马光，诗则杜甫，书则颜柳。在政治领域，谏则魏徵，正则范仲淹，武则岳韩，烈则文天祥。甚至晚清国运晦暗之际，尚有曾左之类人物。现代历史上，国共两党即使政见相左，但都不无儒文化底蕴。所谓天地正气之节，天下大同之境，浸浸乎王道之气也。就一般中国人的生活层面，古代皇权在上，三教九流各行其是，世人之间，除了朴实无华，勤劳勇敢，还不能排除动物本能，人性幽暗。故而见利忘义者有之，明哲保身者众之，临难失节者不乏，蝇营狗苟者非稀。然儒家的"三达德"和"五常"，始终是一种不灭的文明之光，在无数人内心激起一种向往，唤醒善念仁心，鼓励大义直行，以至于做一个堂堂正正的人。从这个意义上说，儒文化给中国人提供了正大的安身立命之所。

就儒释道三教而言，佛家远离红尘，悟求超越此岸的大智慧；道家无为逍遥，进退自如，谋求己安；儒家的最大特点是担当。这种担当的理念和勇气，蕴含于孔孟倡导的士之言行，君子之道，延伸至横渠四句，也贯穿于顾亭林的天下匹夫之论。从文明史的角度，可以说儒文化在数千年沉重的历史中，始终背负了华夏的慧命，学者多称之为人文宗教，实则称许其为精神上的十字架。就此而论，儒文化对中华文明整体而言不可或缺，其他文化也不能替代。或曰：中国的文化，就整体和久长来看，儒文化不但是基础和主流，还有全面和深远的影响力。如此，为儒文化立极的《大学》，虽百读而每有感。

文棻之讲习，风格如旧，文义日新。《大学》讲习，立意宏远，融会各教。山河茶席，时有古圣先贤之临，言者听者无隔。讲中曾言《大学》为知本之学，成德之教，成就真生命的学问，这无疑是一种新义。文棻理解原典义理通透，阐述原典不拘一格，知识广博，多有过人之见。我等可欣然一赏也。

目　录
CONTENTS

引 言

第一讲　古本《大学》开胜场

2020 年 11 月 1 日

【按，时隔两月，山河大地讲习不辍，自此进入儒家经典。】

文莱：诸位早安。煮茶焚香，稍等片刻。

按照约定，从今日起，讲习儒家经典——《大学》。

自 2017 年 4 月 24 日开始讲习，时光如梭，山河大地至今已经三年而有其半了。初读《传习录》，再读《薄伽梵歌》，后讲科学史，又走进阿拉伯。此第一年也。第二年阳历新年，讲习《道德经》，后又用几个月读完阿拉伯经典，再进入希伯来。此第二年也。年末讲习三日《庄子》，因缘中断，年后再读，共计三十有九日，夏读佛典《六祖坛经》，国庆以后，于洒金谷，读《大乘起信论》，又二十有八日。此第三年也。年初疫情，众生皆病，维摩诘曰："有情既病，我即随病。"① 于此生死之际，故读《维摩诘经》，二十有九日，后又用整整两月，读《摄大乘论》。此第四个年头也。

我们按照儒、释、道、希、阿的顺序，反着读经。驽马十驾，功在不舍。近四年来，山河诸友不辞辛劳，已经完成十一部经典讲习，笔记近四百万言。今日开始，我们将要走进儒典。

在读《道德经》的时候，我提出山河读书法，即疏通文义、去繁就简、反求诸己。我在《〈庄子〉讲习录》前言，又重作分疏，② 今于读《大学》

---

① 此为玄奘法师译文，姚秦鸠摩罗什译本作"一切众生病，是故我病"，见李翊灼，校辑. 维摩诘经集注 [M]. 台北：老古文化事业公司，1983：314.

② 参见崔树芝.《庄子》讲习录 [M]. 贵阳：贵州人民出版社，2022：4.

之前，再作说明。

所谓疏通文义者，把书读厚也。古今文体不同，生活环境各异，今人去古日久，若要深入中文经典，必先参校各类注疏，此第一步工作也。许多人认为，必须要有深厚的文字训诂功底，方能读古典。实则，文字训诂，不可无；训诂太过，不可有。古文虽有训诂的必要，但经由各家注疏，大部分文字已然分明。而大道至简，诸圣之教本来简易，岂故设文字障碍，欲人之不解耶？只是后来学者，咬文嚼字，穿凿附会，叠床架屋，遂使经典之本来，歧义丛生，面目全非。此偏于文字之过也。

所谓去繁就简者，把书读薄也。参校各类注疏，而后能辨其良莠，择其善者而从之，其不善者而去之，独自登高，形成自己的理解。又诸圣之教，虽见诸文字，但言不尽意，徒以文字求之，此古人批评为辞章记诵之学，非变化气质之生命之学也。故必须过河拆桥，得鱼忘筌，得意忘言，经由文字而超越文字，而后可以与诸圣相照面也。

所谓反求诸己者，以心证心也。诸圣之教，皆是诸圣所自得，必证之于吾心，方知所言不虚也。阳明子曰："夫学贵得之心。求之于心而非也，虽其言之出于孔子，不敢以为是也，而况其未及孔子者乎？求之于心而是也，虽其言之出于庸常，不敢以为非也，而况其出于孔子乎？"① 诸圣以真生命而立言，吾人亦以真生命而承之，此心同，此理同也。颜渊曰："舜何人也？予何人也？有为者亦若是！"② 此之谓也。

有读书法，而后能契入诸圣之教，自得于心。虽有疑难，千载之后，亦如庄子所言："知其解者，是旦暮遇之也。"③

在正式进入《大学》之前，还需要对几个基本问题作些说明。一者，《大学》作者；二者，《大学》古本；三者，《大学》书名。

---

① 参见崔树芝．《传习录》讲习录［M］．香港：晓熙国际有限公司，2019：178.
② ［宋］朱熹．四书集注［M］．王浩，整理．南京：凤凰出版社，2005：269.
③ 参见崔树芝．《庄子》讲习录［M］．贵阳：贵州人民出版社，2022：108.

一、《大学》作者

《大学》出于《礼记》，本是《礼记》中的一篇文章。《礼记》据说是孔子弟子编撰，毁于秦火，后西汉河间献王得古本上之，刘向校定，戴德、戴圣两兄弟各有所删，是为《大戴记》《小戴记》。传至东汉，马融增为四十九篇，传于郑玄。《礼记》有四十九篇，自此为定本，而《大学》则其第四十二篇文献也。

关于《大学》的作者，素来认为是曾子，但究竟是谁，实难定论。初唐孔颖达为十三经注疏，提到《中庸》作于子思，也就是孔子的孙子、曾子的弟子孔伋，但并未说《大学》的作者是谁。故而，关于本书的作者，则有以下几种推测。

草原：静听松风语，且寻奥妙事。

文莱：北宋程颐认为，《大学》是孔子遗书。据南宋卫湜《礼记集说》："《大学》乃孔子遗书，须从此学则不差。或问伊川先生曰：'初学如何？'曰：'初学入德之门，无如《大学》者。今之学者，赖有此篇书存，其他莫如《论》《孟》。'"① 这句话在朱熹《四书集注》中，则曰："子程子曰：'《大学》，孔氏之遗书，而初学入德之门也。'"② 朱子之学传自程颐，故称其为子程子。"子"，在古代是敬称，用两个"子"，可见其对程颐的敬仰。但此处却称孔子为孔氏，颇为奇怪。《大学》为孔子遗书，也就是说此书为孔子所讲，该当有经的地位。

南宋朱子认为，此篇分经传，经为孔子之言，而曾子述之；传为曾子之意，而门人记之。③ 因为书中有"曾子曰"，可见此书必经曾子讲述，而由曾子弟子记录。朱子之学传自程颐，必不敢说程子所言为非，于是以《大学》首章为经，后面的则为传。所谓经，即是圣人所说；所谓传，即是弟子

① 参见韩星.《大学》《中庸》解读［M］. 北京：中国社会科学出版社，2018：27.
② ［宋］朱熹. 四书集注［M］. 王浩，整理. 南京：凤凰出版社，2005：4.
③ ［宋］朱熹. 四书集注［M］. 王浩，整理. 南京：凤凰出版社，2005：5.

所述，以阐扬经者也。《大学》本无经传之分，有之，则自程朱始。自此以后，《大学》经传分离，几乎盖过了郑玄所传、孔颖达注疏的古本《大学》。

明末四大高僧之一的蕅益大师认为，《中庸》《大学》皆子思所作。顺治四年（1647年），蕅益大师《四书蕅益解》序曰："子思先作《中庸》，《戴礼》列为第三十一，后作《大学》，《戴礼》列为第四十二，所以章首'在明明德'，承前章'予怀明德'而言。"①《中庸》既然为子思作，而列为第三十一篇，篇末又有"予怀明德"，而第四十二篇《大学》开端即曰"在明明德"，又根据朱子的说法，此书为曾子之意，门人记之。曾子门人最大者为子思，故非子思不能传，由此而推定《大学》亦为子思作。

以上三说，实则皆为推论，并无实据。故明末吴应宾即付之阙文，不置可否。② 若言之成理，不必即为孔子遗书，亦当宗之；若言之无理，即便是孔子所言，又何足道！此书作者，不必一定要穿凿附会，但知此为孔门之教，曾子述之，子思传之，可也。

二、《大学》古本

《大学》自成书以来，都是作为《礼记》的一篇而存在，直至宋代，经程朱表彰而为"四书"之一，单篇流行，甚至取得与"五经"相当的地位。但程朱以为，《大学》有经传之分，既然有经有传，经有三纲领（明明德、亲民、止于至善）、八条目（格、致、诚、正、修、齐、治、平），而郑玄所传的古本，除"格物致知"无传外，其他条目皆有传，故朱子重新调整古本顺序，并杜撰了"格物致知补传"。为了配合经传分离，又将传中的"作新民""苟日新"等，作为"亲民"之释，故宗程子之言，训"亲"为"新"，而改"亲民"为"新民"。自此以后，所流行的《大学》，即为朱子改过的

---

① ［明］蕅益．四书蕅益解［M］．江谦，补注．梅愚，点校．武汉：崇文书局，2015：1-2.
② ［明］吴应宾．宗一圣论 古本大学释论［M］．张昭炜，整理．上海：复旦大学出版社，2019：238.

版本。

而因朱子的地位在元明如日中天，自明以后，又立为官方教条，故学者多不敢质疑。但是朱子篡改《大学》，杜撰补传，终于还是引来学者陆陆续续的反抗，直至王阳明出，重新表彰古本，《大学》的本来面目才重见天日，至此方觉古本《大学》未必有阙文，亦未必是经传分离的。那么，"三纲八目"之说，也就并非《大学》的本怀。古本《大学》本身，实则自有其完整的立言系统。

因为如今市面上所见的文本，多还是以朱子的《四书集注》为主，在此有必要把古本的《大学》贴出来。山河讲习，亦以古本为宗。

大学之道，在明明德，在亲民，在止于至善。知止而后有定；定而后能静；静而后能安；安而后能虑；虑而后能得。物有本末，事有终始。知所先后，则近道矣。古之欲明明德于天下者，先治其国；欲治其国者，先齐其家；欲齐其家者，先修其身；欲修其身者，先正其心；欲正其心者，先诚其意；欲诚其意者，先致其知；致知在格物。物格而后知至；知至而后意诚；意诚而后心正；心正而后身修；身修而后家齐；家齐而后国治；国治而后天下平。自天子以至于庶人，壹是皆以修身为本。其本乱而末治者，否矣。其所厚者薄，而其所薄者厚，未之有也。此谓知本，此谓知之至也。

所谓诚其意者，毋自欺也。如恶恶臭，如好好色，此之谓自谦。故君子必慎其独也。小人闲居为不善，无所不至；见君子而后厌然，揜其不善；而著其善。人之视己，如见其肝肺然，则何益矣。此谓诚于中，形于外。故君子必慎其独也。曾子曰："十目所视，十手所指，其严乎！"富润屋，德润身，心广体胖。故君子必诚其意。《诗》云："瞻彼淇澳，菉竹猗猗。有斐君子，如切如磋，如琢如磨。瑟兮僩兮，赫兮喧兮。有斐君子，终不可谖兮。""如切如磋"者，道学也；"如琢如磨"者，自修也；"瑟兮僩兮"者，恂栗也；"赫兮喧兮"者，威仪也；有斐

7

君子，终不可諠兮者，道盛德至善，民之不能忘也。《诗》云："於戏，前王不忘！"君子贤其贤而亲其亲，小人乐其乐而利其利，此以没世不忘也。《康诰》曰："克明德。"《大甲》曰："顾諟天之明命。"《帝典》曰："克明峻德。"皆自明也。汤之《盘铭》曰："苟日新，日日新，又日新。"《康诰》曰："作新民。"《诗》云："周虽旧邦，其命维新。"是故君子无所不用其极。《诗》云："邦畿千里，维民所止。"《诗》云："缗蛮黄鸟，止于丘隅。"子曰："于止，知其所止，可以人而不如鸟乎？"《诗》云："穆穆文王，於缉熙敬止。"为人君，止于仁；为人臣，止于敬；为人子，止于孝；为人父，止于慈；与国人交，止于信。子曰："听讼，吾犹人也，必也使无讼乎！"无情者，不得尽其辞，大畏民志，此谓知本。

所谓修身在正其心者：身有所忿懥，则不得其正；有所恐惧，则不得其正；有所好乐，则不得其正；有所忧患，则不得其正。心不在焉，视而不见，听而不闻，食而不知其味。此谓修身在正其心。

所谓齐其家在修其身者：人之其所亲爱而辟焉，之其所贱恶而辟焉，之其所敬畏而辟焉，之其所哀矜而辟焉，之其所敖惰而辟焉。故好而知其恶，恶而知其美者，天下鲜矣。故谚有之曰："人莫知其子之恶，莫知其苗之硕。"此谓身不修，不可以齐其家。

所谓治国必先齐其家者：其家不可教，而能教人者无之。故君子不出家，而成教于国。孝者，所以事君也；弟者，所以事长也；慈者，所以使众也。《康诰》曰："如保赤子。"心诚求之，虽不中，不远矣。未有学养子而后嫁者也。一家仁，一国兴仁；一家让，一国兴让；一人贪戾，一国作乱，其机如此。此谓一言偾事，一人定国。尧舜帅天下以仁，而民从之；桀纣帅天下以暴，而民从之。其所令反其所好，而民不从。是故君子有诸己而后求诸人，无诸己而后非诸人。所藏乎身不恕，而能喻诸人者，未之有也。故治国在齐其家。《诗》云："桃之夭夭，其叶蓁蓁，之子于归，宜其家人。"宜其家人，而后可以教国人。《诗》

云："宜兄宜弟。"宜兄宜弟，而后可以教国人。《诗》云："其仪不忒，正是四国。"其为父子兄弟足法，而后民法之也。此谓治国在齐其家。

所谓平天下在治其国者，上老老而民兴孝；上长长而民兴弟；上恤孤而民不倍；是以君子有絜矩之道也。所恶于上，毋以使下；所恶于下，毋以事上；所恶于前，毋以先后；所恶于后，毋以从前；所恶于右，毋以交于左；所恶于左，毋以交于右：此之谓絜矩之道。《诗》云："乐只君子，民之父母。"民之所好好之，民之所恶恶之，此之谓民之父母。《诗》云："节彼南山，维石岩岩。赫赫师尹，民具尔瞻。"有国者不可以不慎，辟则为天下僇矣。《诗》云："殷之未丧师，克配上帝，仪监于殷，峻命不易。"道得众则得国，失众则失国。是故君子先慎乎德，有德此有人，有人此有土，有土此有财，有财此有用。德者本也，财者末也。外本内末，争民施夺，是故财聚则民散，财散则民聚。是故言悖而出者，亦悖而入；货悖而入者，亦悖而出。《康诰》曰："惟命不于常。"道善则得之，不善则失之矣。《楚书》曰："楚国无以为宝，惟善以为宝。"舅犯曰："亡人无以为宝，仁亲为宝。"《秦誓》曰："若有一个臣，断断兮无他技，其心休休焉，其如有容焉。人之有技，若己有之；人之彦圣，其心好之，不啻若自其口出。寔能容之，以能保我子孙，黎民尚亦有利哉！人之有技，媢疾以恶之；人之彦圣，而违之俾不通。寔不能容，以不能保我子孙，黎民亦曰殆哉！"唯仁人放流之，迸诸四夷，不与同中国。此谓唯仁人为能爱人，能恶人。见贤而不能举，举而不能先，命也；见不善而不能退，退而不能远，过也。好人之所恶，恶人之所好，是谓拂人之性，菑必逮夫身。是故君子有大道，必忠信以得之，骄泰以失之。生财有大道：生之者众，食之者寡；为之者疾，用之者舒；则财恒足矣。仁者以财发身，不仁者以身发财。未有上好仁而下不好义者也，未有好义其事不终者也，未有府库财非其财者也。孟献子曰："畜马乘，不察于鸡豚；伐冰之家，不畜牛羊；百乘之家，不畜聚敛之臣。与其有聚敛之臣，宁有盗臣。"此谓国不以利为利，以义为利也。长国家而务财用者，必自小人矣。彼为善之，小人之使为国家，菑害并至，虽有善者，亦无如之何矣。此谓国不以利为利，以义为利也。①

以上为《大学》古本。从古本来看，从"大学之道"至"此谓知之至也"为第一章，是为总论。而后分释诚意、正心修身、修身齐家、齐家治国、治国平天下。故按照明代吴应宾的说法，古本的结构，乃是"一总五别"。曰："总所以统别，别所以释总也。故明乎总，而别之纲可振；明乎别，而总之序可寻。"② 山河分章，亦从古本也。

三、《大学》书名

此书名为《大学》。何谓"大学"？按照现在流行的说法，也就是朱熹在《大学章句》序中所言，三代学制，有小学、大学之分。八岁入小学，所学科目为洒扫、应对、进退之节，礼乐、射御、书数之文；十五岁入大学，所学科目为穷理、正心、修己、治人之道。③ 但通观《大学》，其立意甚大，恐非为十五岁初学者而立也。若按程颐所言，此乃孔子遗书，初学入德之门，而初学即讲大学之道，要明明德、亲民而止于至善，岂非揠苗助长？

那么，"大学"本意是什么呢？

郑玄以为，"大学"之"大"，当读作"太"。那么，大学即是太学，为古之教士之法也。郑云："《大学》者，以其记博学，可以为政也。"④ 也就是说，太学之道，乃是为从政而博学也。

程朱则将大学与小学相对，以为大学乃是大人之学，也就是学为大人。何谓"大人"呢？《周易》的乾卦《文言》曰："夫大人者，与天地合其德，

---

① 《大学》古本原文及分段，参考明代吴应宾所著《宗一圣论　古本大学释论》。
② ［明］吴应宾. 宗一圣论　古本大学释论［M］. 张昭炜，整理. 上海：复旦大学出版社，2019：123.
③ ［宋］朱熹. 四书集注［M］. 王浩，整理. 南京：凤凰出版社，2005：1.
④ 参见韩星.《大学》《中庸》解读［M］. 北京：中国社会科学出版社，2018：3.

与日月合其明，与四时合其序，与鬼神合其吉凶。先天下而天弗违，后天而奉天时。天且弗违，而况于人乎？况于鬼神乎？"孟子曰："大人者，不失其赤子之心者也。"王阳明曰："仁者以天地万物为一体。"简单地说，大人是与天地合德、不失其赤子之心而以天地万物为一体的仁者。那么，大学也就是成德之教，成就一真生命的学问。

吴应宾的说法则更为赅恰。吴子曰："大学者，以大学也，能起作用之本体也；学其大也，能合本体之作用也。"也就是说，大学，乃是以大为学，学其大也。何谓"大"？吴子又曰："一曲之学非大，全体之学为大；下达之学非大，上达之学为大；有为之学非大，无为之学为大；独成之学非大，兼成之学为大；尽人之学非大，尽物之学为大；承天之学非大，统天之学为大。"又曰："大者，天命之性也；学者，修道之教也；学而能复其大，率性之道也。"① 吴子之释大学之名，可谓至矣，无以复加矣。

去年讲习《大乘起信论》，真谛三藏释大乘之大，即曰："一者体大，谓一切法真如平等、不增减故；二者相大，谓如来藏具足无量性功德故；三者用大，能生一切世间、出世间善因果故。"② 大乘何以为大，即在体大、相大、用大也。由此观之，《大学》开篇即曰："大学之道，在明明德，在亲民，在止于至善。"故大学之大，一在明明德，二在亲民，三在止于至善也。明明德者，明其天命之性也，岂非体大耶？亲民者，明明德于天下也，岂非用大耶？止于至善者，至善不与世俗之善恶相对待，岂非相大耶？

建新：这个对照很漂亮。

文莱：大学之道，三步而圆，自利利他，立己达人，终至于无所为而为，不贪天功为己有，参赞天地之化育，此明明德，至于亲民，而止于至善也。

吾师王鸿生教授亦有三句教："学以大其心，以心体其道，以道拓其

---

① ［明］吴应宾. 宗一圣论　古本大学释论［M］. 张昭炜，整理. 上海：复旦大学出版社，2019：121–122.

② ［梁］真谛. 大乘起信论校释［M］. 高振农，校释. 北京：中华书局，1992：12.

行。"我改后一句为"以道践其形"。孟子曰:"形色,天性也,惟圣人然后可以践形。"又曰:"君子所性,仁义礼智根于心,其生色也,睟然见于面,盎于背,施于四体,四体不言而喻。"所谓践形,即是诚于中,形于外,内圣而外王也。我将王师三句教又名之曰三真——真学问涵养、真生命成就、真事业。此大学之道欤?大学之道也!大学者,以大为学,而学适以大其心也,唯有大心,能担大事。若无大心,其所谓之事业,无非建基于沙滩上之琼楼玉宇,即便巍峨华丽,终不免灰飞烟灭也。

今日所言,为正式走进《大学》的准备。《大学》要义,则要和诸君于山河茶席一同揭示。

今日茶会至此,诸君有何体悟?

建新:践形就是变化气质了吧?

文莱:形即此身。践形者,即是从此身之大患中解脱出来,德润身,此身为德性所遍润,故浑身皆是德性也。变化气质者,践形之因也;践形者,变化气质之果也。

江月:最大的感觉就是十分期待读《大学》。"大学者,以大为学,学其大也。"以前对经典认识太浅薄,得抓紧补课了。

文莱:今日茶会结束,诸位早安。

第一篇 **01**

释文首

第二讲　三纲八目慎思量

2020 年 11 月 2 日

文莱：诸位早安。煮茶焚香，稍等片刻。

昨日在国宾府，开启了《大学》的茶会。夜里赶回福泉，现在于洒金谷，正式进入首章。首章从"大学之道"起，直至"此谓知本，此谓知之至也"。

《大学》有经传，从程朱始。程朱之所以要分经传，也并非没有理由。诚如宋儒所言，尧、舜、禹、汤、文、武、周公、孔子之道，自孟子殁，不得其传焉。一方面，佛道的影响力自唐以来，逐渐盖过了儒家。所谓盖过，即是说佛道的内圣之学，言之凿凿，心性义理以及修行次第甚为完备，赢得了朝野上下的青睐。另一方面，儒家的内圣之学，却毫无进步，儒学沦为求名求利的俗学，丧失了学问的高地。其中的表现，是心性义理没有被系统地发掘，导致思考力不足，论理性不强，难以与佛道抗衡。而宋代疆域本是半壁江山，没有了汉唐大一统的格局，四周外族环视，充满了危机感。宋儒受当时的民族意识激励，有鉴佛道的心性之学，反观儒圣的经典，从中来发明儒家的义理，由此振奋民族精神。《大学》《中庸》的重新发现，即有此背景，因宋儒认为这类书对心性义理的阐发有益。就《大学》而言，程颐认为是孔子遗书，初学入德之门。此书后来甚至被学者认为是群经之纲领，[①] 是经中之经。可是在程朱时，已经很难契入古文的语脉，朱子即认为古本"杂

---

① 参见韩星.《大学》《中庸》解读［M］. 北京：中国社会科学出版社，2018：65-66.

引经传，若无统纪"，并且"旧本颇有错简"。① 程朱重新排序，一段时期也是得到了学界认可，起码经过调整，条分缕析，便于阅读了。

可是篡改原本，毕竟会引起不适。元明以来，多有学者质疑，要求回到古本，但影响力皆不够。直到王阳明"龙场悟道"以后，才以心学的精神重新阐释古本，古本《大学》的义理才得以彰显。可是，王阳明的新说，虽能揭示古本的语脉，但在文字训诂方面，又显得太过大胆。如训"致知"之"知"为"良知"，则致知即为致良知，添一"良"字；训"格物"之"格"为"正"，"物"为"事"，则格物即为正事，引申为"正其不正以归于正"。② 诸如此类的解说，也有变更原文的嫌疑。

故而，王阳明以后，又有郑晓（谥端简，后人多称之为郑端简）发现所谓的《石经大学》，既满足了回到古本的呼声，结构似乎又较原来的古本相对完整，迎合了部分学者对程朱新本与王阳明古本的不满。但《石经大学》作为古本中的新本，毕竟来路不明，③ 只流行了一段时间，就销声匿迹了。其最后的回响，差不多在刘宗周（因讲学于山阴蕺山，学者称蕺山先生）的《大学古文参疑》，此后无闻焉。④

关于首章，所谓的"石经本"另有次序。而在程朱新本与《大学》古本，并无二致，只不过程朱以首章为经，其余分章为传而已。

山河宗古本，分章则一总五别。这与吴应宾的分章没有什么不同，但为了讲习的方便，再参校蕅益大师的分段，重新标明序号。

1.1　大学之道，在明明德，在亲民，在止于至善。

文莱：朱子以为，《大学》有"三纲八目"，此条即所谓"三纲"也。

---

①　[宋] 朱熹 . 四书集注 [M]. 王浩，整理 . 南京：凤凰出版社，2005：5.

②　参见崔树芝 .《传习录》讲习录 [M]. 香港：晓熙国际有限公司，2019：138.

③　吴应宾对《石经大学》的真伪有详细考证，见其所著《宗一圣论　古本大学释论》一书之《大学新本辨》一文。

④　参见韩星 .《大学》《中庸》解读 [M]. 北京：中国社会科学出版社，2018：117.

三纲，即是三个纲领，这是按照写文章的习惯，纲举目张。朱子之后，"三纲八目"即为定说，沿用一千多年了。明末吴应宾首先提出反对，可惜其著述流传不广，影响力不大。而当代的南怀瑾，则有四纲之说，认为"大学之道"的"道"也是一纲。①

实际上，古本并无所谓的"三纲八目"。这不过是后人的解读而已。山河读书法，既有疏通文义、去繁就简，现在则要反求诸己、以心证心。如此，我们再来看这句话到底是什么意思。

所谓"大学"，昨日已经讲过，乃是成德之教，以大为学，学其大也。所谓"道"，原本即是路的意思。那么，大学之道即是成德之教所经历的理路，简而言之，也就是成德要道。

大学何以为大？《大乘起信论》释大乘之大，有三大，即体大、相大、用大。而大学之大，亦有三条，即明明德、亲民、止于至善。大学之道，三步而圆。而这三步，并非所谓"三纲"也，而是体用一贯的。

明明德，第一个明，作动词用，明白也，引申为彰明或觉悟；第二个明，作形容词用，形容此德之光明不昧；德者，得也。所谓"明德"，即《中庸》所谓天命之性，乃是本自具足、无有少欠的德性，佛家所谓佛性、如来藏自性清净心，道家所谓真心也。所谓"明明德"，即是觉悟自己本具明德，此乃自家的宝藏，不待外求，本自具足，乃亘古亘今，在凡不减、在圣不增的，是吾人之与诸圣所同然。

明德，体也；亲民，用也。明明德，自利也；亲民，利人也。明明德，并非是在世外明，即在此世间而明明德也。故明非独明，其自然的效用即是亲民，此仁心之不容已也。佛家之自觉觉他，庄子德充符作大宗师而后应帝王，皆明明德而亲民也。

明明德，自然可以亲民。此德之明，如日月丽天，万物皆照；德在天

---

① 南怀瑾认为，《大学》一书的纲目应是"四纲""七证""八目"。四纲，即道、明明德、亲民、止于至善；七证，即知、止、定、静、安、虑、得。参见南怀瑾. 原本大学微言［M］. 北京：东方出版社，2014：47.

下，遍润万民。此明德所以为明也。明德者，物我同体，无物不关己也。维摩诘曰："有情既病，我即随病。"是以天下人之病，为我之病；以天下人之痛苦，为我之痛苦，故悲愿深也。西方诗人约翰·多恩（John Donne），有诗名曰《没有谁是一座孤岛》（*No Man Is An Island*），诗中有言："任何人的死亡，都是我的消逝。"（Any man's death diminishes me）此王阳明所谓"仁者，以天地万物为一体"者也。

有明德，则有暗德。暗德拘于一体之内，物我间隔，拔一毛为天下不为也。麻木于天下人的痛苦，而求一己之私安，此亦谓之得也，此得之小者，暗德而已，所以不仁也。明德者，天地万物，无非一身，庄子所谓藏天下于天下，此得之大者，故为大学所谓体也。有体则有其用，亲民乃明德之自然也。

明明德而亲民，乃是自然而然，非有造作于其间也。故明明德而亲民，必止于至善而后可。至善者，超越了善恶相，无善无恶也。古人云："有意为善，虽善不赏；无意作恶，虽恶不罚。"世间的善恶，都是相对的，所谓的善，乃是相对于恶而言；所谓的恶，亦是有善与之相对。凡是相对的，皆落于有限，若只从现象上看，往往成为固执。譬如撒谎，是恶，但父母为了让孩子吃药，谎称这是糖果，又是慈爱。譬如杀人，是恶，而战场上杀人，则是英勇。善恶要看具体的情境，当时认为某人是恶人，事后才知，那是大善人。当时认为某人是善人，事后才知，那是伪君子。诸如此类，每每皆是。

那些口口声声要替天行道的，坐了江山，又开始新一轮的倒行逆施。那些苦口婆心说为你好的，往往以爱之名，束缚更多。如此而言，我们如何能真正地"明明德而亲民"呢？老子曰："生而不有，为而不恃，功成而弗居。"佛曰："一切功德，回向如来。"《中庸》曰："惟天下至诚，为能尽其性。能尽其性，则能尽人之性。能尽人之性，则能尽物之性。能尽物之性，则可以赞天地之化育。可以赞天地之化育，则可以与天地参矣。"无为、回向、参赞，此皆止于至善也，无所为而为，不贪天功为己有也。

草原：所以才说，功成不必在我。

文莱：初学者之明明德、亲民，难免有所为；止于至善者，无所为也。有所为者，我在明明德，我在亲民，此有我也。无所为者，物我两忘，无我也。《齐物论》开篇，南郭子綦曰："今者吾丧我，汝知之乎？"① 我常说，同情所以理解，无我方能成全，此之谓也。其始也，当以明；其终也，当以止。止者，或停止，或极致，皆可通。止于至善，停在至善这里，而至善之止，实则无所止也，止之极致也，此《金刚经》所谓"应无所住"也。

茶会至此，只就开篇 16 字发挥。诸位有何体悟？

草原：文莱君把《大学》的要义阐述得精到而清晰，使人有眼前一亮、豁然开朗之感。不少人读了《大学》，仅记得几句原话，或者受到几点启发，而不明白最根本的要义，因而几千年来，一直懵懵懂懂。我也是今天才明白成人之道和功成不必在我的境界，以及这些是如何与释、道等文明原典相贯通的。谢谢文莱君！

文莱：今日茶会结束，诸位早安。

---

① 参见崔树芝.《庄子》讲习录［M］.贵阳：贵州人民出版社，2022：50.

第三讲　圆融三步先知止

2020 年 11 月 3 日

文莱：诸位早安。煮茶焚香，稍等片刻。

昨日在洒金谷，因早上九点有课，仓促说完开篇 16 字。

大学之道，三步而圆。这三步在朱子那里是三纲，又将"亲民"训为"新民"，"止"训为"必至于是而不迁"，"至善"训为"事理当然之极"。则大学之道，即成了自明其德（明明德），而后"推以及人，使之亦有以去其旧染之污"（新民），而明明德、新民，"皆当至于至善之地而不迁"（止于至善）。①

这样的说法，流弊很多。一旦把"亲民"训为"新民"，则把明明德自然而亲民的一贯，转为明己明德而后对万民施以教化，自以为是则难免道德的傲慢；一旦把"至善"训为"事理当然之极"，拔得太高则至善虚挂而不切实际，若做不到则难免道德的虚伪。

三步而圆，实则皆为一事。不是先明明德，而后再亲民，明明德即在亲民中；不是先明明德、亲民，而后止于至善，而是明明德、亲民真实之功，即在止中成就。若在真心中已然分出善恶，善恶不相容，此心则处于斗争状态，成为善恶交争的战场，此乃内部的暴力，必引发外部的暴力，是以暴力终不可止也。

草原：外部的教化固然重要，内部的自学、自省、自悟等自教更加重

---

① ［宋］朱熹. 四书集注［M］. 王浩，整理. 南京：凤凰出版社，2005：5.

要，因为自教才是真正有目的、有动力、有实践效果的学习和提升。故此，才会尊重被教育者，才不会走入外部强制灌输的误区。文莱君，可以这样理解吗？

文莱：以为自己已经自明其明德，而后足以教人，已经犯了好为人师的毛病。此自以为是而已，实道德之傲慢也。孔子曰："人之患，在好为人师。"此之谓也。明明德而亲民，此求之在我，为己之学也；明明德而新民，此求之在人，为人之学也。孔子曰："古之学者为己，今之学者为人。"此之谓也。

草原：善哉！

文莱：不是说亲民，不能教民以自新。亲民者，爱民也、养民也，爱养而不启发民之智慧以自新，可乎？故亲之中，自有教、养两义。若徒以使民自新为亲民，易于强人从己。实则亲民而新之，亦是民之自觉而自新也，没有一点强迫被动的意思。

既然明明德、亲民、止于至善，是一事，何以要分三步来说呢？此乃语言之局限，必须三步而后可也。实际上，说大学之道，在明明德，只此即可。但担心你只将明德归之于内，故再说亲民；又担心亲民而固执，故再说止于至善，以打掉你对亲民的执念。实则，大学之道，说明明德，可；说亲民，可；说止于至善，亦可。但由此三步，体用兼备，可圆融无碍，不给人误解的机会。

关于三步而圆，诸圣之教概莫能外。如西方所谓"三位一体"，释迦所谓一体三身，老子所谓"为无为，则无不为"，庄子所谓不得已而有言，"故自无适有，以至于三"①，黑格尔所谓正反合。此生命之辩证法、语言之辩证法也。

以上，就昨日未发之余蕴，再作说明。

既已说完开篇16字，顺着止于至善的语脉，再说明明德之工夫。

---

①　参见崔树芝.《庄子》讲习录［M］. 贵阳：贵州人民出版社，2022：92.

1.2 知止而后有定；定而后能静；静而后能安；安而后能虑；虑而后能得。

文莱：南怀瑾先生说，《大学》首章揭示的是内明（明明德）、外用（亲民）之学。① 按照山河这两日的分疏，若方便言之，自可以说为内明外用，或曰内圣外王，实则并无内外。因为一旦有内外之分，进一步则要引发内外如何合一的问题。故而，山河用三步而圆，来澄清被语言所遮蔽的生命历程。分三步说，是言说的不得已。那么，按照不得已的办法，现在则要进一步揭示，如何才能止于至善而真正地明明德而亲民，而不至流于自以为是、好为人师、道德的傲慢呢？

南怀瑾先生又把首章解为"四纲""七证""八目"。四纲，是在三纲外加一"道"，七证，即是此处的知、止、定、静、安、虑、得，即实证明德的工夫次序。

在南怀瑾七证的次序里，知、止是两个程序，先要知，而后止。实际上，说两个程序，可；说一个程序，亦可。问题的关键则在于，何谓"知"，何谓"止"？顺着止于至善的语脉，知止而后有定。这个"止"，即是止于至善之"止"。昨日在洒金谷，提到此止，可有停止或至极两种意思。那么，知止也可以有两种不同的解说。

在朱子那里，知止，即是知道止于至善。知，作动词用，是认知的意思。而至善，在朱子那里是最高的理则。我们如何能够一开始就知道要止于这个至善呢？如何又能保证我们的知，不是不知？故而，朱子的解析，是无头的，有把结果当作开端的毛病。因为我们既然尚未彻悟至善之所在，而说知止则"志有定向"②，此"定向"亦难免虚妄。

我们先要搞清楚"知"的意义。这个"知"到底是什么呢？庄子曰："古之人，其知有所至矣。恶乎至？有以为未始有物者，至矣，尽矣，不可

---

① 南怀瑾. 原本大学微言［M］. 北京：东方出版社，2014：48.
② ［宋］朱熹. 四书集注［M］. 王浩，整理. 南京：凤凰出版社，2005：5.

以加矣。其次以为有物矣，而未始有封也。其次以为有封焉，而未始有是非也。是非之彰也，道之所以亏也。道之所以亏，爱之所以成。"① 古之人的知有所至，此乃真知，是没有分别对待的；而后此真知裂变为有物、有封、有是非，则大道亏矣，此即妄知。但是，我们凡夫欲从大学之道，非先用知不可，通过转妄而后成真。这个知，既可以是无对待的真知，亦可以是有分别的妄知。作为初学者，由知止而引发的修行历程，此知绝不可能已然是真知了，故此知还在妄知的范围，也就是我们平常说的理性的认知作用。

修行不是无头脑的，下手处即在知。"知"什么呢？即在知止。菏泽神会禅师曰："知之一字，众妙之门。"先觉觉后觉，都要通过"知"来助人觉悟。初学者知止，即是我们在读《摄大乘论》时，提到的正闻熏习、止观作意。作为初学者，我们先是正闻诸圣之教，此时虽还没有觉悟，但是已经知道学问的方向，要做止观作意的工夫。

知止可有两解。一者，知，作动词用，即是认知的活动；止，作名词用，即是知之对象，止于至善也。意思是说，前面 16 字，我们现在已经知其解了，则可进入下一步的实操。二者，知，作名词用，即是认知的作用；止，作动词用，即是对象性的认知的止息。意思是说，我们要从对象性地分别对待的认知中，反转回来。老子曰："为学日益，为道日损。"这分明指出了两种学问的门路，为学即是向外认知的活动，此知识之学问也；为道，即是反求诸己的活动，此生命之学问也。明明德，并非认知外在于我的天理，而是体知内在于我的德性，故而对象性的认知活动，在此即要止息。

这两种解释，实则可以相通，而以第二种解释为主。主要的意思，即是《摄大乘论》所谓的多闻熏习、如理作意，而后勤修止观。这套学问的门路，实在是诸圣所同宗。孟子曰："学问之道无他，求其放心而已矣。"② 求其放心，即是把放失在外的心找回来，此即知止也。荀子曰："心何以知？曰虚

---

① 参见崔树芝.《庄子》讲习录 [M]. 贵阳：贵州人民出版社，2022：79.
② ［宋］朱熹. 四书集注 [M]. 王浩，整理. 南京：凤凰出版社，2005：353.

壹而静。"① 虚壹而静，亦知止也。禅宗讲截断众流，亦复如是。我常引用荀子的话，说："学问之道，虚壹而静。"如果我们不能从根本上扭转求之在外的习惯，我们永无进入生命的学问之可能。因为，即便我们知道得再多，如佛家所言，生死关头难做主。必须从根本上变化气质，才可以超凡入圣，做得了自家主人，自明明德而亲民。

既明知止的意义，"知止而后有定"而下，就比较清楚了。知止一方面是多闻熏习、如理作意，另一方面是要逆转回来，勤修止观。止者，制心一处也；观者，智慧通达也。"知止"以后，直至"能得"，此由止而观，由定生慧也。其具体的次序，则有定、静、安、虑四步。

知止而后有定，此定，即是知止的效验。人处在对象性的认知中，此心攀缘于外在的对象，而为外缘扰乱。知止，即是求其放心，不为外物所动，故能定也。

定而后能静，此静，即是定功的效验。静者，一心不乱也。实际上，静，亦是定，乃是更进一步的定也。

静而后能安，此安，即是定静的效验。安者，动乱永息也。至此，此心内部的分裂与斗争，已经涤除，光明即将现前。

安能后能虑，此虑，即是静安的效验。虑者，思也。由安而虑的用思，乃是浊水澄净后的照物，与知止之知，虽皆为用思，而有根本的不同。

虑而后能得，此得，即是静虑的效验。得者，自得也，此止后之观，定后之慧，自明其明德也。

由"知止"，而至于"能得"，此明明德之工夫也。知止以后，经由定、静、安、虑而后得。定、静、安、虑的程序，虽有精粗之分，但可总之以静虑也。玄奘法师即以"静虑"翻译梵文的"禅定"，② 是深知大学之道也。

最初的"知"，只是在门外，窥见明德之体，故为相似知；最后的

① ［战国］荀况. 荀子全译［M］. 蒋南华，罗书勤，杨寒清，译注. 贵阳：贵州人民出版社，1995：447.
② 参见南怀瑾. 原本大学微言［M］. 北京：东方出版社，2014：79.

"得"，乃是明德之实证于身，自得于心，此真知也。《大学》只说到知止，但是具体如何能知止，实际上还有一套程序，此即《摄大乘论》所谓的"入唯识观"。诸法依他起，唯识无义，此乃佛家唯识学的智慧，需要专门讲求，诸位有时间，可以再复习一遍《摄大乘论》。通过具体的修学，而理解这方面的知识，此番知道诸法唯识，也仅仅是相似觉，并非真觉，还需要有悟入唯识的工夫，此如理作意、勤修止观也。在前几个月讲习《摄大乘论》时，无著菩萨讲过四寻思、四如实遍知，又细分为暖、顶、忍、世第一法四个阶段，而后证得根本无分别智，至此成为觉悟了的地上菩萨。① 由止而观，由定生慧，在唯识学中亦有此四步，且更为精微细致。

不管此书作者是谁，是孔子遗教也好，是曾子所述也罢，或是子思所传，这套学问在当时能以如此清晰的步骤讲出来，说明在孔子所传的成德之教中，这种实证工夫乃是基本的常识，故无须多述。可是，这套学问在后世居然失传，这短短的 26 字，再也不能明了，其具体的程序，我们只好求助于唯识学了。惜哉！而今日我们可以从他山之石，窥见自家之宝，又何其幸焉。②

此条 26 字，言简意赅，揭示了明明德的工夫。而要把其具体的程序发掘出来，则要触类旁通，破除狭隘的门户之见，以他山之石，攻此山之玉，而后大学之道，可以大白于天下矣。

今日茶会至此，诸位有何体悟？

江月："知止—定—静—安—虑—得"，一环接一环，来不得半点马虎。尤其是安而后能虑，虑而后能得。真正的打掉一切，消融一切，心才真正平静。

敬鲁：先生，对象性的认知是什么意思呢？

文莱：认识是在主、客分立中取得，主体对客体的认知，即是对象性的

---

① 参见王恩洋. 摄论疏［M］. 武汉：崇文书局，2020：130-138.

② 与佛家相互印证，南怀瑾先生言之甚好，参见南怀瑾. 原本大学微言［M］. 北京：东方出版社，2014：78-83.

认知。

　　敬鲁：从对象性的认知转变为对自我的体知，不为外物所动，消除分别心，而后能自明其德。

　　文莱：看来《大学》真的适合你，冥冥中有感应。

　　敬鲁：感恩先生的讲习。

第四讲　本末始终物事扬

2020 年 11 月 4 日

文莱：诸位早安。煮茶焚香，稍等片刻。

昨天说明明德的工夫，要害在一"知"字。知，有动词和名词两义。动词的知，乃是知的积极义，知止乃是去闻知大学之道，可引申为修学成德之教，佛家所谓多闻熏习也。此时虽还没有"明"明德，但是已经开启了明的历程，孔子所谓"吾十有五而有志于学"也。名词的知，乃是知的消极义，知止乃是对对象性认知的荡相遣执，老子所谓"为道日损"，佛家所谓"如理作意、勤修止观"也。这两种解释可以贯通，皆是在强调明明德过程中"知"的重要。

知止，经由定、静、安、虑，而后能得。吾人何以不能定？即是我们处在对象性的认知中分别执着，以为可道、可名的诸法，皆有其实在的意义，于是内外交争，孟子所谓"物交物，则引之而已矣"①，庄子所谓"与物相刃相靡，其行尽如驰，而莫之能止"② 也。知止，是从理上明白，凡是我们所认识的诸法，都带上了吾人认知的烙印，并非完全客观的存在。此康德所谓知性为自然界立法也，佛家所谓诸法依他起，唯识无义也，是东西贤圣之所共喻。这方面的学问，最精微者莫如唯识学，康德则更为哲学化。能知诸法唯识，则进一步可以勤修止观，悟入唯识。在《摄大乘论》中，有暖、顶、忍、世第一法四个阶段，而后得根本无分别智。而在《大学》的系统，

---

① ［宋］朱熹. 四书集注［M］. 王浩，整理. 南京：凤凰出版社，2005：354.
② 参见崔树芝.《庄子》讲习录［M］. 贵阳：贵州人民出版社，2022：61.

则是定、静、安、虑，而后能得。第一个阶段的定，即是知止的初步效验，从物我对待中，制心一处。

定而后能静，则静为定之效验，所谓"一心不乱"也；静而后能安，则安为静之效验，所谓"动乱永息"也。动乱永息，则物我间隔、内外交争的状态澄澈清净，此之谓安。安，则能取消内在的暴力，外在的暴力亦消失于无形。

进而言之，定而后能静，乃是作唯识观；静而后能安，则唯识想亦遣除；安而后能虑，则物来顺应，随类得解；能安且虑，而后能得。安之意义，乃是澄净妄知；虑之意义，则是发明真知。既能去妄，又能存真。去妄，则能自证；存真，则善分别。由此观之，则最后的得，乃兼《摄大乘论》所谓根本、后得二智也。根本智，无分别也；后得智，善分别也。无分别，故证真；善分别，故说法无碍。无分别而分别，无执而执，故明德明矣。

知止至于能得，实在是"知之非艰，行之惟艰"的。知而后修，修而后证，证而后成。明明德，岂能一蹴而就！有知而求证，有悟后起修，如是自强不息、循环不已，境界方能层级攀升。孔子学而不厌，诲人不倦，是真知之矣。

以上释明德之体，偏于内明，这是不得已而有言的方便。而明非独明，有明德之体，必有亲民之用。度己所以度人，成己所以成物也。故再说明明德之下手处。

1.3 物有本末，事有终始。知所先后，则近道矣。

文莱：这16字，朱子以为是总结上文。[①] 但是，上文并未提到物事之本末始终，故这句话该当是启下之文。

---

① ［宋］朱熹. 四书集注［M］. 王浩，整理. 南京：凤凰出版社，2005：5.

明明德、亲民、止于至善，乃是一贯之道。唯有自明其德，而后能亲民，否则亲为偏亲，爱为私爱，故亲可一转而为怨，爱可一转而为仇也。人间之情爱，本该给人温暖的力量，却常常成为甜蜜的负担，乃至成为吃人的礼教，此不知止之害也，可不慎耶？唯有亲民，能实其明德之功，故明不至于孤冷而窒息，此王阳明所谓在事上磨砺也。

物有本末，而本末皆是一物也，故末不离本，本不失末；事有终始，而终始皆为一事也，故终不离始，从始而终。本始者，求之在我也，故不得不先也；末终者，求之在人也，故不得不后也。知所先后，则近道矣。

那么，什么是物之本末，事之始终呢？何者当先，何者从后呢？

1.4 古之欲明明德于天下者，先治其国；欲治其国者，先齐其家；欲齐其家者，先修其身；欲修其身者，先正其心；欲正其心者，先诚其意；欲诚其意者，先致其知；致知在格物。

文莱：明明德于天下者，亲民也。在朱子看来，明明德于天下，乃是"使天下之人皆有以明其明德也"①。天下之人，皆明其明德，此话说起来格局很大，实则是太理想化了，因为这是没有办法保障的。真谛三藏在《大乘起信论》开头即曰："众生根行不等，受解缘别。"即便是佛陀在世，也不能保障你一定能够觉悟，所谓师父领进门，修行看个人，你若不努力，谁也没有办法。把目标拔得太高，世人若做不到，强人从己，难免沦为道德的傲慢；自己又做不成，难免泄气，终于不免道德的虚伪。此朱子之流弊也。

以上64字，即是对本末、始终、先后之说明。

明明德于天下，即是自明其明德，而以天地万物为一体也。天下者，至大无外之称也。《齐物论》中，舜之谏尧曰："昔者十日并出，万物皆照，而况德之进乎日者乎！"② 明德之于天下，遍润万民，譬如十日并出，万物皆照

① ［宋］朱熹．四书集注［M］．王浩，整理．南京：凤凰出版社，2005：5.
② 参见崔树芝．《庄子》讲习录［M］．贵阳：贵州人民出版社，2022：99.

也。此亲民之大者也。

《中庸》曰："君子之道，辟如行远必自迩，辟如登高必自卑。"欲明明德于天下，先治其国；欲治其国，先齐其家；欲齐其家，先修其身。

家、国、天下，皆因此身之不修，故家不齐、国不治、天下不平也。此身何患？何以不修呢？此身不修，何以不能家齐、国治、天下平呢？老子曰："吾所以有大患者，在吾有身，及吾无身，吾有何患？"庄子曰："一受其成形，不忘以待尽。与物相刃相靡，其行尽如驰，而莫之能止，不亦悲乎！终身役役而不见其成功，苶然疲役而不知其所归，可不哀邪！人谓之不死，奚益！其形化，其心与之然，可不谓大哀乎！人之生也，固若是芒乎？其我独芒，而人亦有不芒者乎？"① 吾人根本的麻烦，即在于有此身也。此身，即是我们的肉体生命。太史公曰："天下熙熙，皆为利来；天下攘攘，皆为利往。"为了服侍此身，世人不惜铤而走险，作奸犯科，无所不为，触目惊心。滞于形体之内，局于一己之私，故以家国天下为外，而供我之所取，求之不得，则彼此相争，家国天下岂能不乱？

那么，如何修身呢？世人皆以家国天下为外、为人，而以身为主、为我，殊不知，此身只是假我，非真我也。我们以此身为主，实则心无所主，认贼作父也！何以说此身非我呢？若此身为我，是此身的一部分为我，还是全部为我呢？若是身之全部为我，则断了一肢，我该不完整，但我还是我，并无少欠；若是身之部分为我，则此部分是心脏，还是大脑呢？再者，若此身为主，该当能做得了主，但我们何从能做主呢？抑郁来时，我们能自主不抑郁吗？怒气来时，我们能自主不发怒吗？由此可见，我们非但做不得主，反倒时时是欲望习气的奴隶。

苏格拉底曰："未经省察的生活是不值得人过的。"② 何以故？即是我们自以为是、先入为主地认为，此身就是我，实际上乃是虚空大梦，我们何曾

---

① 参见崔树芝.《庄子》讲习录［M］.贵阳：贵州人民出版社，2022：61.
② ［古希腊］柏拉图. 苏格拉底的申辩［M］.吴飞，译、疏. 北京：华夏出版社，2017：134.

真正自由自觉地活过？我们为此人身奔忙，何曾真正体验过人生？故庄子叹曰："人之生也，固若是芒乎？其我独芒，而人亦有不芒者乎？"

以身为我，则家国天下为外也；不以身为我，则家国天下皆我之身也。故所谓修身，即是找到真正的主人，识取真我，则物各付物，家国天下，各得其所也。

那么，我们能拿此身怎么办呢？我们如何能做得了主呢？《齐物论》开篇，南郭子綦曰："今者吾丧我，汝知之乎？"① 我者，肉身假我也；吾者，明德真我也。吾丧我者，识取真我之工夫也。如何吾丧我呢？前有知止直至能得，此有正心诚意、致知格物也。

此身之主为心，故欲修其身，先正其心。正其心者，正其不正以归于正也。不正者，迷也，妄心也；正者，觉也，真心也。此心为何不正，迷而不觉呢？即在此心发动之时，分别执着，故有所不正也。

心之发动为意，故欲正其心，先诚其意。诚其意者，就其所是而意之，去其分别执着也。诚者，实也。意何以不诚呢？无著菩萨在《摄大乘论》里讲，诸法依他起，唯识无义，但众生遍计所执，以为诸法实有其义，故意不诚矣。佛家之遍计所执，通俗讲即是分别执着，在康德那里就是知性的作用。但知性实则所成就的只是知识，并非智慧。也就是说，知性本只能把握现象，但因为言之成理，故执所知为真实，似乎确有其事。逻辑越是严密，越是觉得真理就是如此。但是通观科学史，科学真理是有限度的，是要不断被证伪的。故波普尔认为，凡是不能被证伪的，原则上即不是科学。

故而，诚意的工夫，即在致知。欲诚其意，先致其知。所谓"致知"，即是理解知性的限度，而给真正的理性留下空间。致者，至也；知者，认知也。朱子曰："致，推极也。知，犹识也。推极吾之知识，欲其所知无不尽也。"② 如此解释，亦是太理想化。我们如何能"推极吾之知识，欲其所知而无不尽"呢？但是，从另一个角度而言，所谓知无不尽，乃是知之极，这

---

① 参见崔树芝.《庄子》讲习录［M］. 贵阳：贵州人民出版社，2022：50.

② ［宋］朱熹. 四书集注［M］. 王浩，整理. 南京：凤凰出版社，2005：5.

种知，已经根本上逆转了知识的方向，故为无知。此庄子所谓："古之人，其知有所至矣。恶乎至？有以为未始有物者，至矣，尽矣，不可以加矣。"王阳明则解之曰"致良知"，即推致吾人之良知于天地万物，使山河大地无不被此良知所朗润也。朱子所解，不切实际；阳明所悟，虽有慧解，但未能切近《大学》的语脉。实则，致知之知，正如朱子所言，乃是识，知识也。致知，即是至知，一方面可以说是理解知识的局限，而抵达真正的"知"；另一方面亦可以直接解"致"为"归还"，如致仕（辞去官职）之致，即逆觉体证，从知识的进路，转向道德的进路。

牟宗三批评朱子，是说他以知识的进路讲道德。诚意先致知，而朱子所谓的"推极吾之知识，欲其所知无不尽也"，并无助于诚意，因为很明显，即便我们知道得再多，也不能保障我们的意是诚的，高学历犯罪，比比皆是也。

那么，如何致知呢？致知在格物。那么，此处的格物，也就是取消物我间隔的分别执着，摄物归心，民胞物与也。故格者，至也，来也；物者，心之所现也。身、家、国、天下，皆此心之物也。此心寂然不动，感而遂通天下之故，物来顺应，物各付物，此格物也。

由此观之，物有本末，此身为本，天下为末，而本末皆明德中之一物也。事有终始，格物为始，平天下为终，而格致诚正修齐治平皆为明明德于天下之一事也。如此知所先后，则近道矣。

今日先讲到这里，诸位有何体悟？

江月："另一方面亦可以直接解'致'为'归还'"这句是怎么理解的呢？极致过后的返璞归真吗？

文莱：若训"致"为"归还"，可引申为逆反、辞去，则诚意在致知，即是将遍计所执的知消解掉，还其诸法依他起，唯识无义的本来面目，则可返妄还真，通于"至知"的解释。实际上，正心、诚意、致知，心、意、知，都是在消极意义上使用，即是虚妄的，经由正、诚、致而至于积极意义的真实。所以，即便把"致知"训为"至知"，这里的"至"，实际上也是要把妄知，转至真知。因而，我特别提出，"致"还可以有归还或归置的意思，以便于对返妄还真的理解。

　　敬鲁：以身为我，看似自主，实则无主。破除分别，摄物归心，识取真我。

　　文莱：敬鲁君的体会，言简意赅，看得出来是对今日所讲有真切的体悟。

　　今日茶会结束，诸位早安。

第五讲　格物致知真血脉

2020 年 11 月 5 日

文莱：诸位早安。煮茶焚香，稍等片刻。

昨日提到，物有本末，事有终始，知所先后，则近道矣。而古之欲明明德于天下者，先治其国、齐其家、修其身，而欲修其身，则先正其心、诚其意、致其知，最终致知在格物。这个语脉实际上还是较为清楚的，物、事之本末始终，以及先后次序，都可以有对应的解析。

在下面的经文中，还有一句"修身为本"，可见物之本末，即是从身而至于天下。所谓"物"，即是身、家、国、天下也。而事之始终，则格致诚正修齐治平也。王阳明训"物"为"事"，将"格"训为"格杀之格"，也就是"正"，将"格物"训为"正事"，意即"正其不正而归于正"，则未免是脱离文本而立言，虽有慧解，但那是王阳明的慧解，非《大学》之本怀也。

一般而言，"物"是与"知"相对的。《易经·系辞上》曰："方以类聚，物以群分，吉凶生矣。"《列子·黄帝》曰："凡有貌像声色者，皆物也。"《齐物论》曰："古之人，其知有所至矣。恶乎至？有以为未始有物者，至矣，尽矣，不可以加矣。"由此可见，在先秦之时，物多用作与知相对，而有形象之称也。"致知在格物"一句尤其可见，这是就与知相关联而言物。

修身以下，正心、诚意、致知。心、意、知，实则都是与有形之物相对的无形之知。所要正的心、所要诚的意、所要致的知，都是就其消极意义而言，意思是说，此三者都流于虚妄，如何转为真实呢？致知在格物。

所谓"致知"，也即是庄子《齐物论》开篇所言的"吾丧我"。如何"吾丧我"呢？庄子用一篇《齐物论》来具体阐发。由此可见，致知在格物，也即等同于齐物在庄子那里的意义。《齐物论》最后，庄生梦蝶，其要义所在，是承接"罔两问景"的寓言，而引出"周与胡蝶，则必有分矣，此之谓物化"之叹。所谓物化，是就"周与胡蝶，则必有分矣"而言，一旦有分，则形影相待，不得逍遥。庄子《齐物论》的主旨也就明白可见，若要逍遥游，需要吾丧我，如此方能"物物而不物于物"，免于"物化"的危险，而能化物矣。① 此吾所谓无待逍遥天地阔也。

格物，可与齐物对观。致知在格物，短短五个字，实可以广说为一篇《齐物论》，又可以容纳一部《摄大乘论》也。格物、齐物、唯识，实则皆是一门学问，《大学》言简意赅，实齐物、唯识之总纲也。

格物，是顺着正心、诚意、致知而言。王阳明解"知"为"良知"，不能彰显此处的语脉。何以故？此要致的知，是在消极意义上使用，而良知，乃是天命之性，与佛家所谓"如来藏自性清净心"同一等级，是就其积极意义而言。

如何理解心、意、知呢？我们若肯放弃门户之见，善借他山之石，则此山之玉即可了了分明。《摄大乘论》广论唯识，引经证曰："此亦名心，如世尊说：心意识三。"② 心有三个层次，即心、意、识。此心即第八阿赖耶识，意即第七末那识，识即是第六意识。朱子曰："知，犹识也。"朱子的章句，虽然有方向性的问题，而被牟宗三批评为"以知识的进路讲道德"，但是在基本的文字训诂上，还是下过功夫。此心本无不正，而所以还要正，乃是因为意之不诚；如何诚意，则先要致知，即是借由识的作用，搞清楚我们的认知，实则皆为遍计所执。最后一句，并没有说"欲致其知，先格其物"，而是直接说"致知在格物"，因为知之所对为物，要破除知之遍计所执，即要打破物我的间隔，取消分别执着。

---

① 参见崔树芝.《庄子》讲习录［M］. 贵阳：贵州人民出版社，2022：123-126.
② 参见王恩洋. 摄论疏［M］. 武汉：崇文书局，2020：18.

从"古之欲明明德于天下"至于"致知在格物"，这是刨根问底的反省。至于如何"格物"，则又可与"知止而后有定"一段工夫相贯通。而朱子以为"三纲八目"皆有其传，唯独"格物致知"无传，故作"格物致知补传"，无知甚矣。致知在格物，虽然言之简略，容易一下子滑过去，但格物的工夫，有其实指，并非朱子所谓"即物而穷理，推极吾之知识"① 也。

反省，是就物事的消极意义而言。那么，就其积极意义而言，所成就的物事又是如何呢？

1.5　物格而后知至；知至而后意诚；意诚而后心正；心正而后身修；身修而后家齐；家齐而后国治；国治而后天下平。

文莱：顺着"致知在格物"的语脉，至此 43 字，则翻上来而言物事的积极意义。

物格而后知至。所谓"知至"，即庄子所谓"古之人，其知有所至矣。恶乎至？有以为未始有物者，至矣，尽矣，不可以加矣"。知至，即是抵达"未始有物者"的境界，此之谓物格。由此可见，致知在格物，物格而后知至，致知则知至，要致的知，乃是妄知，知至的知，乃是真知，是抵达"未始有物"、物我一如的智慧。此佛家所谓转识成智也。

知至而后意诚。在唯识学中，意（第七末那识）乃是意识的根，其功能即是执阿赖耶识为内自我，本质即是我执，由此引发分别执着对象性的认知。实际上，"意"本身亦无所谓不诚，"执"本身就其功能而言，亦无所谓不好，因为即便成圣成佛，还是需要意的分别执着，作为智慧的发用，方便为人说法，破迷开悟。否则，成圣成佛，岂不成了一块木头？但是凡夫的意，一执执到底，而圣佛的意，执而无执，则有迷、觉的不同。需要诚的意，乃是迷中的意；意诚的意，乃是觉中的意，是物格知至的效验。

---

①　［宋］朱熹．四书集注［M］．王浩，整理．南京：凤凰出版社，2005：5.

意诚而后心正。意为心之发用，意无不诚，则心无不正。需要正的心，乃是与物对待的识心；心正的心，乃是廓然大公的仁心。这个识心，在庄子那里称作成心，所谓"未成乎心而有是非，是今日适越而昔至也"①。这个仁心，在庄子那里即是真心，在佛家则曰"如来藏自性清净心"。语言可有差别，所指大体不差。牟宗三论"仁"，曰："仁以感通为性，润物为用。"②很多人不明白何谓仁，孔子曰："仁者，人也。"又说："己欲立而立人，己欲达而达人。"仁即是吾人未经曲折的本来面目，是不加功用，自然与天地万物相感通的功能，故孟子曰："恻隐之心，仁也。"大程子程颢借用医书"麻木不仁"，解仁为不麻木，而曰："仁者，浑然与物同体。"③

物格至此，心得其正，内圣之德备矣。有内圣之德，自然发用为外王事业，则身修、家齐、国治、天下平，自在其中矣。内圣之德备，真生命成矣；外王事业成，真事业就矣。格致诚正修齐治平，此吾所谓真学问涵养真生命成就真事业，大学之道圆矣。

草原：文莱君好，可否这样理解：生命是外在的具象，事业是内在的追求和人物质生命延展为无限生命的根本。如果生命和事业俱成，则人生完满。

文莱：物格知至，则摄天地万物而为一大生命，此庄子所谓"天地与我并生，而万物与我为一"也。成德与成事，就世间而言是有矛盾的，故有德者不必有位，孔子周游列国，当时不得其用，是其验也。康德就此问题而发出德福不一致的感叹，最终引出上帝存在的论调，以解决人间的不完美。但就《大学》而言，明明德于天下，即是亲民，即是成事，这是求之在我，自足于己的。故孔子不为世用，而其明德未尝不明于天下也；释迦当时不能度尽众生，而其明德未尝不遍于三界也。千载以后，闻其言教而觉者，未尝不

---

① 参见崔树芝.《庄子》讲习录［M］. 贵阳：贵州人民出版社，2022：64.
② 牟宗三. 心体与性体：第 2 册［M］//牟宗三先生全集：第 6 卷. 台北：联经出版事业公司，2003：237.
③ ［宋］程颢，程颐. 二程集［M］. 北京：中华书局，2008：16.

是因孔子、释迦而觉也，故庄子曰："万世之后而一遇大圣，知其解者，是旦暮遇之也。"人生的完满，成己所以成物，内圣所以外王，此儒圣之德福一致，而不假于康德之上帝也。

草原：谢谢指点。也就是说，《大学》的核心是讲如何成就完满人生的。德胜于福，德福一致最为完美但又很难在过去偌长时间的世间达致，只有人们不懈努力、无限逼近，才有可能营造出这一完美人生的外在环境？

文莱：朱子以为，明明德于天下，乃是使天下之人皆有以自明其明德。这就提出了不切实际的任务。吾人自明其明德，明德如日中天，万物皆照，至于天下人是否能自明其明德，则有其机缘因果，不敢必也，故不可责人太过，强人从己也。《大学》后面还将提道："是故君子有诸己，而后求诸人；无诸己，而后非诸人。"一灯有明，光遍一室；室有千灯，亦只是光遍一室。然千灯之明，盖由一灯之火传也。至于一灯能传多少灯，不敢必也。不求灯之传多，而求一灯之明也。故君子所以务本，本立而道生焉。

《中庸》曰："君子素其位而行，不愿乎其外。素富贵行乎富贵，素贫贱行乎贫贱，素夷狄行乎夷狄，素患难行乎患难。君子无入而不自得焉。"是以有德者当下自足，无待乎环境之良莠也。

江月：我觉得《大学》里的用词真的很妙，昨天还没有注意。致知与知至，格物与物格，诚意与意诚，正心与心正，转变了次序，大有不一样的感觉。就像我们由觉自到自觉，这"转"的工夫，实在神奇！

文莱：今日茶会结束，诸位早安。

第六讲 修身为本贯家邦

2020 年 11 月 6 日

文莱：诸位早安。煮茶焚香，稍等片刻。

昨日在国宾府，原始反终，由格物致知，悟后起修，至于国治天下平。昨夜在回洒金谷的路上，敬鲁君问何以王阳明训"致知"为"致良知"不合《大学》的语脉，不解"知"在消极意义与积极意义上的使用。古之欲明明德于天下者，一层层反省，至于致知在格物，天下、国、家、身、心、意、知、物，有待于格致诚正修齐治平的工夫，故而是在消极意义上使用；格物致知以后，又转为其积极意义。故王阳明把"致知"解为"致良知"，则是发挥过度，混淆了这两种意义。

物有本末，事有终始，知所先后，则近道矣。"欲明明德于天下者，先治其国"，至于最终"国治而后天下平"，一正一反，此知所先后也。知所先，而至于致知在格物，是悟前反省也；知所后，至于国治天下平，是悟后起修也。觉悟前后，要害在一"知"字。菏泽神会禅师曰："知之一字，众妙之门。"此之谓也。

知有妄知，有真知。致知之知，妄知也，迷也；知至之知，真知也，觉也。此知何以不能致而为迷，何以又能至而为觉，即在于物之格否。物之不格，则知与物对而为妄知，故迷；物之既格，则物与知合而为真知，故觉。由此而言，格物可与庄子之齐物、无著之唯识有相当的地位。格者，至也，来也；格物者，来物也。天地万物就其所是而是之，则物各付物，物来而顺应也。

说"致知在格物"，而不说"欲致其知，先格其物"，何故？因物无所谓"其"也。"其"者，"我"之称也，只因有个"其"，处处分出物我，则物我间隔，我执重而物不格也。致知在格物，物格而后知至，物我对待的识心一转而为智心，转识成智也。

物格而后知至，开启了悟后起修的历程。家国天下不外于吾身，则家国天下之痛苦，即为吾之痛苦，故悲愿宏矣；此身之痛苦，亦即家国天下之痛苦，故责任重矣。当我们身在痛苦之中，须知天下人皆有此苦，则此痛苦的体验，即煎制成普度的悲愿，故此身不足为患也。当天下人皆在痛苦之中，须将此痛苦体验为吾身的痛苦，则此心不拘于一身之内，而与家国天下为一体也。故曾子曰："士不可以不弘毅，任重而道远。仁以为己任，不亦重乎？死而后已，不亦远乎？"

从"物格而后知至"，一路滚将下去，最终"国治而后天下平"。可是，这样的历程，似乎并非人人所当为，也非人人所可为。说修身可以，但能否家齐、国治、天下平，却并非我能决定。即便我修身为君子，为圣如孔子，若非在其位，又能奈天下何？因而，很多人即认为，《大学》一书，乃为后世帝王而设，故而自宋以来，许多儒生汲汲于要当帝王师，欲以大学之道教导之。那么，大学之道，是否只是孔门所传，而为后世帝王所设呢？

1.6 自天子以至于庶人，壹是皆以修身为本。

文莱：这16字讲得很清楚，大学之道，非为帝王而设，而是自天子以至于庶人，天下人所共由之道。此道又以修身为本，终于齐家、治国、平天下。天子始于修身，终于平天下，不难理解。但是，这对于庶人而言，又如何可能呢？

这个问题，可与"心净则佛土净"相印证。在《维摩诘经》的《佛国品》，宝积献盖于佛前，愿闻佛国净土与净土之行，世尊开示，曰："菩萨欲得净土，当净其心；随其心净，则佛土净。"舍利弗尊者不解，心净何以就能佛土净呢？难道是菩萨此心不净，所以如今佛土不净若此吗？世尊知其念，即告之言："于意云何？日月岂不净耶？而盲者不见。"舍利弗曰："不也，世尊！是盲者过，非日月咎。"世尊继续开示："舍利弗！众生罪故，不见如来国土严净，非如来咎。舍利弗！我此土净，而汝不见。"①

佛土本无不净，但舍利弗却看不到，恰如日月在天，而盲者不见。这似乎有点唯心主义，但事实如何呢？我们总以为有一个完全客观的物质世界，而实际上，我们真实生活的世界，乃是由我们的道德践履所开显的境界。"感时花溅泪，恨别鸟惊心。"同一处风景，处在恋爱中的情侣，眼中看到了美，失恋的人眼中，看到的却是伤悲。同样的险境，有人处之泰然，有人黯然神伤。就在这所谓的同一世界，有人是在天堂，有人如在地狱。故而，我们真实所处的世界，实际上乃是我具体参与其中的境界，天地万物、天堂地狱，无非是我境界中的物事。这个道理，我们在过往的茶会中，已经不止一次提过了。

所谓明明德于天下，并非如朱子所言，使天下之人皆有以自明其明德，而是天下皆为我之明德所遍润也。孔子不为列国所用，但孔子之明德未尝不遍于天下也；释迦未能度尽众生，但释迦之明德未尝不润于三界也。得其志，与民由之，孟子所谓"达则兼善天下"也；不得志，独行其道，孟子所谓"穷则独善其身"也。

今日先讲到这里，八点半上课，下节课再继续完成这一讲。

【按，文莱君于下午四点继续讲习】

文莱：诸位下午好。

早上中断讲习，一早要在洒金谷授课。课堂上，学员听得很仔细，连做笔记的时间都没有。课间许多学员围着我，对所讲的内容很感兴趣。我在课堂上提到山河的三真（真学问涵养、真生命成就、真事业），学员恻然有所感。中午吃饭还在与我交流，希望能读到山河的讲习，直至他们要上车参加

---

① 李翊灼，校辑．维摩诘经集注［M］．台北：老古文化事业公司，1983：78-79.

下午的实地考察。以真生命唤起真生命，一灯能传千灯，谁说这不是治国、平天下呢？

大学之道，并非专为帝王而设，而是每个人所共由的成德之教。早上的16个字，已经说得很清楚了。修身为本，身修而后家齐，家齐而后国治，国治而后天下平。早上的讲习，我以《维摩诘经》中世尊与舍利弗的对话，与此处相印证。我们真实所处的世界，实则乃是道德践履所开显的境界。我们好像是生活在同一物质世界，但人人所开显的境界却千差万别。平常大家也会说："我们不在一个世界。"确实如此，你有你的世界，我有我的世界。心净则佛土净，每个人的天下，皆因此心的净秽而有所差别。因而，若要佛土净，要在净心，则无往而不自得也。

但是，《大学》"修齐治平"的系统，与《维摩诘经》"心净则佛土净"的系统，又有些不同。心净则佛土净，侧重在明明德；而修齐治平，则侧重在明明德而亲民。也就是说，修齐治平，乃是明明德于天下的效验。

在其位，谋其政。不同的位置，所能做的事有其限度，所能施加的影响，也就有所差别。这样的差别，只是效验的大小，但明明德于天下一矣。能否有某种职位，有许多偶然性，不能因此就说，我不在君位，故不能平天下。《论语·为政篇》记载，或谓孔子曰："子奚不为政？"子曰："《书》云：'孝乎惟孝，友于兄弟，施于有政。'是亦为政，奚其为为政？"有人问孔子，你为何不从政？孔子的回答很有意思，《尚书》有言："孝乎惟孝，友于兄弟，施于有政。"我在家能行孝悌之道，这不就是为政吗？你所谓的为政又是什么意思呢！

能修其身，或许不得其位，亦无真实的平天下之功，但平天下之道，舍修身可乎？甚而至于，修身的君子，也不见容于家人，乃至如大舜一般，不见容于兄弟，险死于父母，但于大舜何伤乎？孔子曰："不患人之不己知，患不知人也。"不见知于当时，可见知于后世；不见知于世人，可见知于天。孔子曰："知我者，其天乎？"

修齐治平，此效验也。效验或大或小，或显或微，此乃各种因缘凑成，并非我能完全负责的，尽人事听天命可也。若汲汲于事功，以为唯有治国理政，方是为政，鲜有不沦为名利之徒，"奚其为为政！"此之谓不知本矣。

明明德于天下，是求之在我的事业，求则得之，舍则失之。献出自己，直下担当。事情是做不完的，然一事可通万事；时间是不够用的，然当下即具永恒。现代新儒学"三圣"之一的梁漱溟曾说："我生有涯愿无尽。"① 如是而已矣。

待会儿还有事，今日讲习结束。

虞里：您引用"感时花溅泪，恨别鸟惊心"那段讲解通俗易懂，切合实际。

---

① 梁漱溟. 我生有涯愿无尽：梁漱溟自述文录［M］. 北京：中国人民大学出版社，2011：469.

第七讲　大学知本谓知至

2020 年 11 月 7 日

文莱：诸位晚上好。煮茶焚香，稍等片刻。

昨日在洒金谷，分两段来澄清修齐、治平。"物有本末"，而"自天子以至于庶人，壹是皆以修身为本"，由此可见，所谓的物，乃是就身、家、国、天下而言，所谓的本，即在此身。

欲明明德于天下，修身为本，治平为末。何以修身为本呢？吾人根本的麻烦，即在有此身。老子曰："吾所以有大患者，为吾有身。及吾无身，吾有何患？"庄子曰："一受其成形，不忘以待尽。与物相刃相靡，其行尽如驰，而莫之能止，不亦悲乎！终身役役而不见其成功，苶然疲役而不知其所归，可不哀邪！"① 故杀身成仁，舍生取义，乃是生命可以立得住的标志。诸圣皆是从此身出发，来指点迷津，破迷开悟。

此身之修不修，是吾人可以做得了主的。孔子曰："为仁由己，而由人乎哉？"而至于家齐、国治、天下平，就事实而言，并非我能决定。孟子曰："求则得之，舍则失之，是求有益于得也，求在我者也。求之有道，得之有命，是求无益于得也，求在外者也。"求有益于得，是求之在我，这里有必然性，所谓"求则得之，舍则失之"也；求无益于得，是求之在外，这里没有必然性，所谓"求之有道，而得之有命"也。

身修而后家齐，家齐而后国治，国治而后天下平。从明明德于天下而

---

① 参见崔树芝.《庄子》讲习录［M］.贵阳：贵州人民出版社，2022：61.

言，我之明德，虽无当下真实可见的事功，也并不妨碍天下皆为我之明德所遍润。这是必然如此的。但是家国天下，已经涉及他者的问题，而后家齐，而后国治，而后天下平，就不具备逻辑的简单性。也就是说，身修未必家齐，家齐未必国治，国治未必天下平。但是家齐、国治、天下平的根基，却不妨在身修这里。

这是为什么呢？我们继续看下一条。

1.7　其本乱而末治者，否矣。其所厚者薄，而其所薄者厚，未之有也。此谓知本，此谓知之至也。

文莱：修身为本，家齐、国治、天下平，皆为末也。诚然，有身修而家未能齐者，所谓"清官难断家务事"也；但身未曾修，而家能齐者，吾未之见也。同样，有家齐而国未能治者，但家未能齐而言国治者，未之有也。有国治而天下未能平者，但天下之平必基于国治也。所谓基础不牢，地动山摇。今人不知修身，故家不齐。家庭教育失落，将人格不健全的子女流向社会，隐患不可不知也。国未能治，而望天下有道，失其本也。

过去许多年，青年人离乡背井，乡村多是留守儿童与孤寡老人。留守儿童常年见不到父母，在幼年期留下许多心理创伤。幼年的创伤记忆很难在后天抹平，处理亲密关系常常力不从心，又为今后的家庭生活埋下隐患。原生家庭问题，当前已经得到主流媒体的关注，并通过不少有影响力的电视剧，引起了大众的重视。光发现问题，是没有用的，如何切实地修身、齐家，还是任重而道远！

其所厚者薄，而其所薄者厚，未之有也。所厚者，本也；所薄者，末也。所当厚者反而薄，却希望所薄者能厚，这是痴人说梦耳！不愿意花工夫修身，却希望家齐，这是把希望建立在偶然性上，其齐家的希望也是不诚实的。不愿修身，天天想着治国、平天下的事功，这也是不负责任的。纵观历史，乱天下最深者，往往是那些口口声声要平天下的人。

此处本末、厚薄的"否矣""未之有也",都是用否定语句,这是很讲究的。本末虽是一贯,但有本并不必然有末,如深埋于土的种子,能否长成参天大树,种子虽属必要,但其本身并不能决定成材。故而,不说本不乱,末必治。但是如果根本就不播种,却望收成,这就不可能了。故说"其本乱而末治者,否矣"。也就是说,本不乱虽是末治的必要条件,却并不充分。

那么,明明德于天下,则有厚薄之分。故孟子曰:"亲亲而仁民,仁民而爱物。"重心所在,则是求之在我。求之在我者,当厚;求之在人者,当薄。天下之本,在国;国之本,在家;家之本,在身。一层层推求下去,则谓知本。

既能知本,则能得本。勤修其身,则有以担家国天下之任也。如何修身?正心、诚意、致知也。如何致知?致知在格物也。如何格物?格者,至也,来也;身、家、国、天下,物之本末也;格物者,本不离末,末不离本,本末乃一物之本末,本末一贯,则家国天下无非己之身也。此之谓格物,物格而后知至。此谓知之至也。

知本而后知至。知本之知,始觉也,似知也;知至之知,真觉也,真知也。庄子曰:"有真人而后有真知。"① 又曰:"古之人,其知有所至也。恶乎至?有以为未始有物者,至矣,尽矣。"知有所至,致知也;有以为未始有物者,格物也。物格知至,是一而二,二而一的,故曰致知在格物。物格而后知至,此庄子所谓德充符作大宗师,可以应帝王矣。《应帝王》篇谈明王之治,何谓明王?大宗师也,真人也;何谓明王之治,无我之治也。平天下有道,家国天下不外于吾身,无我之治天下平矣。②

朱子以为"格物致知"无传,故杂糅程子之意而作"格物致知补传",实在是画蛇添足。格物,即在此身与家国天下而格,故修齐、治平皆格物之事也;致知,即以家国天下不外于吾身之知,格物即是致知也。物格知至,不在分别对待之中,置身于家国天下,此谓知之至也。

① 参见崔树芝.《庄子》讲习录 [M].贵阳:贵州人民出版社,2022:223.
② 参见崔树芝.《庄子》讲习录 [M].贵阳:贵州人民出版社,2022:288-289.

此为首章。知本而后知至，格物致知即在其中矣。故第二篇释诚意章，即从知至而后意诚讲起。

茶会至此，诸位有何体悟？

江月：一个很直观的感受就是，身不正无以为。修身为本，行之为末，不可本末倒置。

瑞仪：修身为本，若无修身则无齐家、治国、平天下，所以要先从自身开始打好基础，再谈家、国、天下。

文莱：修身即是修家国天下之身，因而某种意义上，修身即是在做齐家、治国、平天下的工夫。故孔子曰："《书》云：'孝乎惟孝，友于兄弟，施于有政。'是亦为政，奚其为为政？"

物有本末，事有终始。本末，一物之本末也；先后，一事之先后也。故说修身，家国天下即在其中矣。舍家国天下而修身，是自私也；舍修身而言家国天下，是无本也。是皆未能格物，而物我间然，是不知本矣。不知本，故知不能至，终于意不诚、心不正，以至身不能修，家国天下皆风雨飘摇也。

今日讲习结束，诸位晚安。

第二篇 **02**

释诚意

第八讲　悟后起修诚意彰

2020 年 11 月 8 日

文莱：诸位晚上好。煮茶焚香，稍等片刻。

昨日说完了首章，最后结之以"此谓知本，此谓知之至也"。知本、知至，实则即是物格知至也。首章在朱子那里属于经，下面各章则是传，但是各章次序被朱子肢解，《大学》原本遂面目全非矣。实际上，首章最后一句话，也被朱子安排到传的第五章，并且认为"此谓知本"是衍文，"此谓知之至也"则是解释"格物致知"，而在此之上该当别有阙文，故又自作"格物致知补传"。

如今，我们回到《大学》原本，澄清原本的内在逻辑。

2.1　所谓诚其意者，毋自欺也。如恶恶臭，如好好色，此之谓自谦。故君子必慎其独也。

文莱：《大学》首章，是总说。这一章开始，则为别说。首章最后，结之以知本、知至。知本者，格物也；知至者，致知也。既已知至，故格物致知不必再释，别说则以诚意为先也。

物格知至，破迷开悟也。在此之前，我们执迷不悟，把欲望当志气而不自知，疲于奔命而不自觉。直到生命屡经曲折，忽闻诸圣之教，方知过往皆如幻梦，反求诸己，格物致知，终于物格知至，识得自家本来面目。

但是，知之非艰，行之惟艰。物格知至，并非一了百了。实际上，知至的觉悟，只是真正修行的开始，并非修行的结束。禅门有句话："未悟以前犹自可，已悟以后事更多。"此之谓也。

欲诚其意，先致其知。也就是说，致知是诚意的前提。知至而后意诚，有了知至的前提，意诚即有了指望，但达到意诚，徒有知至是不充分的。换句话说，即便我们知至了，我们的意还会不诚，我们还会在欲望习气面前败下阵来，生命仍旧立不住。说来可笑，若我们永不觉悟，我们还可以推卸责任，说我们不知道；可我们既已觉悟，我们依然陷溺于欲望习气的泥潭，岂不痛哉！

为什么我们知至了，意还会不诚呢？无著菩萨在《摄大乘论》里已经讲得很清楚了，有染法熏习，有净法熏习。知至即开启了净法熏习，但染法熏习并未根除，还在持续地"种子生现行""现行熏种子"。若我们不能持续地做诚意的工夫，则"一日曝之，十日寒之"，我们的修行永在此消彼长的反复之中。

由此可见，诚意实乃悟后起修的初阶，是真正修行的开始。知至即是在内心亮起一盏明灯，在暗夜中照见歧途与正道，可你见正道的平直而不从，见歧途的崎岖而不舍，徒有此光，又有何益？

那么，诚意的工夫又是如何呢？所谓诚其意者，毋自欺也。王阳明训"知至"之"知"为"良知"，[①] 知善知恶，知是知非也。所谓自欺，即是知善而不从，知恶而不避也。良知有明，吾人本可不自欺，但终于不免于自欺者，平心而论，一方面，固因我之懈怠，难辞其咎；另一方面，亦是欲望习气重，而良知之明微矣。

心之所发为意。依唯识学的义理，意执此心为内自我，功能即为分别执着。诸法依他起，唯识无义，但众生遍计所执，故迷而不觉也。此迷而不觉，即是自欺，执无有为有也。既已知至，即入唯识观，知遍计所执的诸法，实则皆是依他起，是唯识无义的，则能就其所是而观之，去其妄执，而

---

① 参见崔树芝.《传习录》讲习录［M］.香港：晓熙国际有限公司，2019：144.

不自欺矣。

可以不自欺，但仍不免自欺。所谓"欲望习气重，而良知之明微"矣。可良知虽蔽于欲望习气，但良知之明未尝一日或丧也。那么，由明而诚，如何可能呢？即是常常提起良知，做毋自欺的工夫。此一"毋"字，即是时时警觉也。

所谓"诚其意"，即是毋自欺。进而言之，如何算是诚呢？如恶恶臭，如好好色。见到恶（读è）臭，我们自然会厌恶；见到好（读hǎo）色，我们自然就喜欢。由此可见，诚乃是吾人的本来面目，只要我们不自欺，自有"恶（读wù）恶臭、好（读hào）好色"之明。《中庸》曰："自诚明，谓之性；自明诚，谓之教。诚则明矣，明则诚矣。"此之谓也。

如恶恶臭，好好色，此之谓自谦。所谓谦，郑玄训为慊（读qiè），"慊之言厌也"①，厌即满足的意思。朱子则直接训为"快也，足也"②，意思是自足。这两种解释，皆是绕开"谦"本来的意思，而转为"慊"字来解释，皆不如《周易·谦卦》意味深长。谦卦的《象》曰："地中有山，谦。君子以裒多益寡，称物平施。"谦卦的卦象是地在山上，在崇山峻岭之上，有一块平原陆地，象征着君子减有余以补不足，山不自高，地不自卑，不自以为是，就其所是而平齐也。进一步引申，则自谦者，好恶不由一己之私，故人之所好好之，人之所恶恶之，无一毫私意夹杂其间也。

由此观之，诚意之工夫，一在时时提起良知，毋自欺也；一在不自以为是，自谦也。毋自欺者，尽己曰忠也；自谦者，推己及人曰恕也。故而，毋自欺而自谦者，忠恕之道。何以能此？君子必慎其独也。何谓独？独者，一也，不二也。不能慎独，故二之，分别执着而自欺也；不能慎独，故不一，人我间隔而以自为是也。故诚意之究竟，慎独也。慎者，警觉之谓也。君子无时不慎，则净法常熏，故日新又新，良知若决江河，一发不可收也。

今日讲到这里，诸位有何体悟？

---

① 参见韩星.《大学》《中庸》解读［M］. 北京：中国社会科学出版社，2018：5.
② ［宋］朱熹. 四书集注［M］. 王浩，整理. 南京：凤凰出版社，2005：8.

江月：我的理解是欲诚其意，先致其知。知后还需进一步修行，至去除私意，才能意诚。真正的诚意就是慎独，最终达到不由功用地"毋自欺而自谦"的境界。

文莱：今日讲习结束，诸位晚安。

第九讲　体自独一须谨慎

2020 年 11 月 9 日

文莱：诸位早安。煮茶焚香，稍等片刻。

顺着知本、知至的语脉，进入诚意章。这一章甚为难解，因为于义未安，前夜几乎无眠，凌晨的茶会也顺延到了晚上才进行。在朱子的章句中，诚意章为传之第六章，只有四条，从"所谓诚其意者"，至"故君子必诚其意"，共 118 字。朱子虽然对《大学》的解析支离破碎，但他做学问的态度却是一丝不苟。就这 118 字，他去世的前几天，仍然在反复校对。可见，此章于朱子而言，亦是一生学思的痛处。

知至而后意诚。这一章顺着知至而来，为何知至了，意还诚不了呢？诸位须知，修行非知至即可一了百了，知至只是让我们看清生命的真相，可由以开启真正修行的历程。故而，物格知至，要在破迷开悟；知至意诚，方是悟后起修。

所谓"诚意"，即是毋自欺。换言之，所谓不诚，即是自欺。实则，意作为心之所发，本无不诚，但因此身之患，故物我间然，分别执着，一往而不返。因而，我们常常自欺而不自知。唯有物格知至，方知此身非我，过往执以为我者，无非是认贼作父，自欺而已矣。故孟子曰："学问之道无他，求其放心而已矣。"所放失的心，即此当诚的意。故《中庸》曰："诚者，天之道；诚之者，人之道也。"孟子又曰："诚者，天之道也；思诚者，人之道也。"

诚意，要做毋自欺的工夫。可是，我们如何才能免于自欺呢？又如何知道，自己所谓的"毋自欺"，不是另一种"自欺"呢？故再说如恶恶臭，如好好色，此之谓自谦。恶恶臭，好好色，只要我们不以私意造作，此乃不加功用，自然而然的。谦为"地中有山"之象，故君子衰多益寡，称物平施。我有好恶，人亦有好恶，如何叫作自谦？当知人我一也，人之所好好之，人之所恶恶之，则免于自以为是而自欺也。何以能此？君子必慎其独也。

何谓"慎独"？下面继续解释。

2.2 　小人闲居为不善，无所不至，见君子而后厌然，揜其不善，而著其善。人之视己，如见其肺肝然，则何益矣。此谓诚于中，形于外，故君子必慎其独也。

文莱：何谓"独"？朱子解曰："独者，人所不知而己所独知之地也。"朱子如此解，乃是顺着"自谦"而来，而"自谦"在他那里则是"快足于己"的意思。但是，什么叫作"人所不知，己所独知之地"呢？朱子再曰："盖有他人所不及知，而己独知之者。"① 那么，所谓"独"，在朱子这里，则为独自的意思，又加了一层"知"，引申为"独知"。朱子做学问，常常会犯添字、改字的毛病。若是独知，这里又何以说"人之视己，如见其肺肝然"？哪里有所谓的独知之地呢？所谓"诚于中，形于外"，无隐不显，哪里可以瞒得住呢？

蕺山：隐微之地，是名曰独。其为何物乎？本无一物之中，而物物具焉。此至善之所统会也。致知在格物，格此而已。独者，物之本，而慎独者，格之始事也。②

文莱：给大家介绍一下蕺山先生。蕺山，名刘宗周，因讲学山阴蕺山，学者称之为蕺山先生，明末心学集大成者，重慎独之说。清军入关，攻陷杭州，蕺山先生绝食而亡，保留了知识分子最后的气节。牟宗三有《从陆象山

---

① ［宋］朱熹. 四书集注［M］. 王浩，整理. 南京：凤凰出版社，2005：8.
② 转引自唐文治. 大学大义　中庸大义［M］. 崔燕南，整理. 上海：上海人民出版社，2018：14.

到刘蕺山》一书，称蕺山先生为宋明儒学的殿军人物。

所谓"独"，如蕺山所言，乃至善（独一不二）的物之本体。"独"本来的意义，即是独一不二。故慎独，不二也，亦即格物致知也，不必如朱子画蛇添足，再加一"知"字，为"独知之地"也。唯有慎独，方能常觉不昧，不自欺而自谦也。

此独，非君子有之，人皆有之也，君子能勿丧耳。何以见得呢？小人闲居为不善，无所不至。所谓"闲居"，朱子解为独处，又是不知所云。若是独处，不与人交，岂能为不善？纵为不善，何以无所不至？当知小人之闲居，即放逸的状态，此不能慎其独也，故"饱食终日，无所用心"。基督新教认为，闲暇乃是罪恶，因为人在闲暇时，极易放松警惕，沾染恶习也。小人闲居为不善，无所不至，见君子而后厌然。所谓"厌然"，即是"消沮闭藏之貌"，即后面所谓"揜（通"掩"）其不善，而著其善"也。可知，小人虽闲居为不善，无所不至，并非没有此"独"，只是不能慎之也。一旦见君子，也会不好意思。由此可见，非不知也，自欺而已矣。

自欺，以为可以欺人。但人之视己，如见其肺肝然，则何益矣！人家看你，就像照 X 光，连你的肺肝也看得一清二楚，你还以为可以骗过人家，何其可怜呀！为何会这样呢？此谓诚于中，形于外！相由心生，你外在的行为举止，都是内心活动的反映，即使再高明的演员，又如何能做到天衣无缝呢？

君子威严赫赫，小人见之而后厌然，此君子之诚中形外也；小人闲居为不善，无所不至，见君子而后厌然，此小人之诚中形外也。人皆以独为大，故慎独者为大人；小人闲居丧独，自小之耳！独者，不二也，无人我之分也；慎独者，见不二之性，独体之真我也。故释迦曰："天上地下，唯我独尊。"真我方可独尊，以独为尊也。

今日茶会至此，诸位有何体悟？

建新："厌然"何解？

文莱：厌然，朱子训为"消沮闭藏之貌"，可从。若不解其意，可以互文见之。厌然，即后面的"掩其不善，而著其善"。《说文解字》曰"笁"，破也，原意即为压的意思，故朱子训为"消沮闭藏"，掩盖也。

江月：感觉这一句56个字，字字都打在心上。很像自己当下的状态：没有真正的独立长大，反而在一些事情上自欺欺人。诚于中，形于外，我们骗得了一时却骗不了一世。要真正挺立起自己的生命，是由内而外的。"毋自欺"而后慎独，自谦与人事无有隔阂，才能做一个独立的"大人"。

泉晨：确实当内心可以有一件事情，让人苦心孤诣始终追寻的时候，死生都是小事，全身心地投入其中，自有一份满足。只有做自己的事情，才可以有那种真正活在当下的感觉。

文莱：今日讲习结束，诸位早安。

第十讲　勿欺涵养必流光

2020 年 11 月 10 日

文莱：诸位早安。煮茶焚香，稍等片刻。

《大学》首章 215 字，诚意章至昨日止，87 字，共 302 字。这就是目前为止，所有的内容了。古德要言不烦，一字千金；前贤皓首穷经，至死不渝。为的是什么呢？无非是将这套学问传之久远，泽被后人。我在茶会上，屡屡批评朱子的见解，诸君或以为我是瞧不上朱子，这岂是对待前贤的态度！唯有批评方显尊重，若没有朱子的《大学章句》，《大学》一书也不会有如此之影响，许多问题也不会引起重视。我每想到朱子临终前还在修订诚意章，辄为之赞叹不已！这是何种做学问的精神，这是何等的发心呀！

朱子一生勤勤恳恳，临终前弟子问他修行的心得，他回曰："坚苦！"①修行不易，诚意尤难。朱子以为格物致知属知，诚意以下属行，曰："诚其意者，自修之首也。"知先行后，是朱子之难也。朱子临终尚不安于此章，盖因其分知行为两节，又以知识讲道德，所以为难也。

夫之：先儒分致知格物属知，诚意以下属行，是通将《大学》分作两节。大分段处且如此说，若逐项下手工夫，则致知格物亦有行，诚意以下至于平天下亦无不有知。②

文莱：船山先生所言甚是，知行实不可固执先后。但知行关系，亦有行前求知，悟后起修之差别也。《大学》所谓"致知"，用心非在求取知识，而

① 束景南 . 朱熹年谱长编 [M]. 上海：华东师范大学出版社，2001：1411.
② ［清］王夫之 . 读四书大全说 [M]. 北京：中华书局，2009：17.

在知至也。知至者，庄子所谓"未始有物者"也，此《大学》之格物也。若就知识与行动而言，人若不是木头，不是"饱食终日，无所用心"，则格物致知自有知行，诚意以下亦有知行，又何疑焉。而就修行而言，知至以前，自然有行，盲行也；知至以后，方有诚意之功也。修行的真正起步，即在悟后起修，故曰知先行后，亦无不可，诚意即真实修行的第一步工夫也。

朱子之难，在知先行后，是悟前之难也；诚意之难，亦在知先行后，此悟后之难也。所谓"知之非艰，行之惟艰"，知至不是一了百了，修行才刚刚开始，意诚未可一蹴而就也。此修行之难也。

所谓"诚其意"，自然是毋自欺。可我们为何会自欺呢？毋自欺，自然如恶恶臭，如好好色。可我们如何知道，发乎自然的好恶，就不是另一种自欺呢？基于这两问，我们即可进一步理解自谦与慎独。

所谓"谦"，字面的意思自然是谦下，不自高而能下人之谓也。这样的理解，实际上源自《周易》的谦卦。谦卦《象》曰："地中有山，谦。君子以裒多益寡，称物平施。"从卦象来看，地中有山，山在地下，或地在山上。这样的景象，我是在来贵州以后才常常见到，如花溪高坡的云顶草原，毕节赫章的阿西里西大草原。上次去阿西里西，从赫章县城，要开一两个小时的山路才能到顶，顶上是一望无际的大草原，别开生面。山不自高，地不自卑，天地垂相，圣人则之，因以为谦卦，言君子之德，曰："君子以裒多益寡，称物平施。"

应宾：夫含垢纳污而普擎一切者，地也，备物于我之性也；以高临卑而狭小一切者，山也，贱物贵我之情也。情与性俱生，而性常随情；性与情俱起，而情常拂性。故为我者不胜其多，为物者不胜其寡，孰能称物之情而平施也哉？是以君子抑其情山，合于性地，以我性地下彼情山。多者裒之使寡，而犹以为多；寡者益之使多，而犹以为寡。天下国家等心推置，前后左右一道齐平。①

---

① [明] 吴应宾. 宗一圣论 古本大学释论 [M]. 张昭炜，整理. 上海：复旦大学出版社，2019：151.

文莱：三一先生（吴应宾）可谓能知谦矣。情山性地之说，甚合于诚意。我们所以自欺，即在于"性与情俱起，而情常拂性"也。我们的本性，万物皆备于我，但淹没在贱物贵我的情欲之中，故人我间然，此自欺之大者也。虽曰如恶恶臭，如好好色，此性既已为情所拂，其好恶岂能一归于正也哉！故自谦者，人我同体，人之所好好之，人之所恶恶之，此乃真好恶也。故毋自欺而自谦，必归于慎独而后可。慎独者，慎此独一无二之性体也，三一先生"抑其情山，合于性地"之谓也。

小人闲居为不善，无所不至。此小人之不自欺也。好逸恶劳，贪多厌少，亦如恶恶臭，如好好色，然此可谓诚意之毋自欺耶？故不能慎其独，所谓毋自欺者，实乃骄泰而已矣！此自以为是，何有于自谦之德也哉！至于见君子而后厌然，掩其不善，而著其善，则其独未尝或丧也，慎与不慎而已矣。

人之视己，如见其肺肝然，则何益矣！此谓诚于中，形于外，故君子必慎其独也。自欺者，不可以欺人，此慎独之鉴也。

以上，先以小人为反面教材，讲慎独而毋自欺；以下，再以君子为正面教材，就自谦来讲慎独。

2.3 曾子曰："十目所视，十手所指，其严乎！"

文莱：君子如何做到慎独呢？所谓十目、十手，都是虚指，盖言其多也。须知，我们的起心动念，都无可遁形，所谓诚中形外，有千万双眼睛、千万只手，都在监督着我们，岂不严乎！严者，可畏也。古人云："举头三尺有神明。"即便能逃脱人间的监察，人不知有天知，又何益矣！故孔子曰："知我者，其天乎？"孔子晚年疾病，子路使门人为臣，孔子知后愤然曰："久矣哉，由之行诈也！无臣而为有臣。吾谁欺？欺天乎？"此孔子之慎独也。

曾子临终前，召门弟子曰："启予足！启予手！《诗》云：'战战兢兢，如临深渊，如履薄冰。'而今而后，吾知免夫，小子！"《论语》首章，曾子曰："吾日三省吾身，为人谋而不忠乎？与朋友交而不信乎？传不习乎？"此曾子之慎独也。

慎独，为何要以所视、所指为严呢？所慎之独，非我有之，人皆有之也；我有好恶，人亦有好恶也。好人之所好，恶人之所恶，如是之好恶，谓之谦也。如此之谦，非有意必固我于其间，故谓之自谦也。自谦，方不为一己之好恶所诓，沦为自欺而不自知也。严者，畏也。自畏者，不敢以欺人，此慎独之资也。

毋自欺者，尽己曰忠也；自谦者，推己及人曰恕也。诚意至此，方知曾子慎独，乃人我一体，物我无间，忠恕一贯之道也。

所谓"诚意"，慎独而已矣；慎独其要，物格知至而已矣；物有本末，身而至于家国天下而已矣。则诚意之效，必通于家国天下而后已。由此观之，大学之要，诚意而已矣。

故曾子再下一结语。

2.4 富润屋，德润身，心广体胖。故君子必诚其意。

文莱：从字面来看，人若富有，从他的屋子可以看出来，装潢精美；人若有德，从他的身体可以看出来，相由心生。孟子曰："君子所性，仁义礼智根于心，其生色也，睟然见于面，盎于背，施于四体，四体不言而喻。"[1]此谓诚于中，形于外，四体不言，却无不在讲述此身主人之盛德也。

进而言之，何谓"富"呢？何谓"德"呢？何谓"润"呢？《易传》曰："富有之谓大业，日新之谓盛德。"故而富润屋，即富有四海，明明德于天下，而天下皆为吾之明德所遍润也。德润身，明明德于天下，修身为本，自明其德，日新又新也。"润"之一字极妙，涵养也，成就也，真学问涵养

---

[1] ［宋］朱熹. 四书集注 ［M］. 王浩，整理. 南京：凤凰出版社，2005：375.

真生命成就真事业，无非此润也。

此身所居者，屋也；此心所藏者，身也。故富润屋，德润身，即欲明明德于天下者，修身为本也。欲修其身，先正其心。心正而后身修，此心广体胖也。胖者，说文读作般，大也，郑玄从之；朱子训为安舒①，不知从何而来。以家国天下为居，故居天下之广居，此心广也。以家国天下为身，故立天下之正位，此体胖也。意诚而后心正身修，行天下之正道，故君子必诚其意。

以上，为诚意之理证，证之以义理也；以下，为诚意之经证，证之以经籍也。有理证，有经证，此先秦之文法也。

今日讲到这里，诸位有何体悟？

泉晨：诚意，发于本心，形于四体，盛德之下，四体不言而观者喻，亦所谓气之所形，充乎其中而溢乎其外。然而对于恶恶臭，好好色，还是不甚理解，这样不就生起好恶的分别了吗？恶众人所恶，好众人所好，又觉得流于俗套，是随波逐流。慎独，应是顺性而为，但又很难分辨，很多自以为天性的存在，只是成长经历烙印在潜意识里的不甘心。这段时间去追寻自己认为的喜好，静下来想想，这些自以为与生俱来的喜好，究竟是出于童年时被限制下的不甘心，还是真的喜欢，或者是对某一阶段缺失的放不下，难于分辨。

文莱：诚意自然是毋自欺，这是首位的。但是为防止自己的所谓"毋自欺"，只不过是小人闲居为不善，无所不至，故还要再提自谦，以十目所视，十手所指，时刻提醒自己不要自以为是。所谓"自谦"，这又比一般所谓的"人之所好好之，人之所恶恶之"的谦更高些。若只是人之所好好之，人之所恶恶之，又容易流于虚伪或压抑，故必须自谦而后可。

泉晨：喜欢自谦这个状态，江海下百川而成其大。

文莱：《大学》每一个用词都非常精准，这真是大手笔呀！我常说，哲

---

① ［宋］朱熹．四书集注［M］．王浩，整理．南京：凤凰出版社，2005：9.

学家讲义理，要做到一字不差。说中国没有哲学的，请看一下这些经典的用词，其思维之缜密，逻辑之清楚，力透纸背，有哪个哲学家能比得上呢！

泉晨：之前自己不够理解，总觉得恶人所恶，好人所好是压抑自己的本意去附和别人，这似乎更像是自欺，和慎独有点相左。

文莱：在自谦之前，有毋自欺；在毋自欺之后，有自谦。这是双重保险，集中到一点，就是慎独。独者一也，万物皆备于我，慎独所以不自欺；一者不二，我非外于万物，慎独所以能自谦。若能慎独，勿自欺与自谦，实为一事。

泉晨：明白了。因为慎独，独一无二又物我一体，所以能体万物，皆备于我，既是自谦，又不随波逐流。

文莱：非己以是人，是有意于谦也，自欺也，非自谦也；是己而非人，是不自欺也，自是也，而非谦也。只说毋自欺，易于自以为是；只说谦，易于丧失自我。故先说毋自欺，再说自谦，而归于慎独，用心良苦也。

泉晨：终于得解。

江月：先说毋自欺，尽己；再说自谦，及人；归于慎独，人我一体，万物平齐。诚意之至，心广体胖。这个过程太妙了！

文莱：今日讲习结束，诸位早安。

第十一讲 澄清义理当经证

2020 年 11 月 11 日

文莱：诸位早安。煮茶焚香，稍等片刻。

前三日茶会，自"所谓诚其意"至"故君子必诚其意"，共 118 字。在朱子的章句中，此乃传之第六章，释诚意也。以下的段落，皆为朱子所裁。但依古本来看，自此以下实则为经证。所谓"经证"，我们在读《摄大乘论》的时候是不陌生的，如第二章"所知依"，第一节即是从圣教中安立阿赖耶识，曰："此中最初且说所知依，即阿赖耶识。世尊何处说阿赖耶识名阿赖耶识？谓薄伽梵，于阿毗达磨大乘经伽陀中说：无始时来界，一切法等依，由此有诸趣，及涅槃证得。即于此中复说颂言：由摄藏诸法，一切种子识，故名阿赖耶，胜者我开示。"①

经为诸圣所说，实际上在各大文明体系中，皆有引经作为论说依据的习惯。经虽为言教，但如《摄大乘论》所言，经乃是最清净法界等流。因而，在过去各大民族，经都享有真理的地位。

中国文化中，有"五经""六经""十三经"等说。所谓"六经"，即《诗》《书》《礼》《易》《乐》《春秋》，后来《乐》经失传，故为"五经"。而"十三经"则又将《礼》经分为三，《周官》《仪礼》《礼记》是也，《春秋》又有"三传"，《左传》《公羊传》《谷梁传》是也，外加《论语》《尔雅》《孝经》《孟子》四部，合起来十三部。实际上，严格来说，经是经，

---

① 参见王恩洋. 摄论疏［M］. 武汉：崇文书局，2020：15-16.

传是传，经是圣人所说，传为贤人所传，是不能与经并驾齐驱的。

此部《大学》，为《礼记》中一篇。在程朱那里，此书经传一体，就像《周易》是《易经》和《易传》的合刊一样。也就是说，《大学》首章为圣人所说的经，后面则为曾子或其门人依次造的传。故而，在朱子的提倡和门人的努力下，《大学》也就有经的地位。朱子表彰"四书"，将"四书"提升到经的位置，宋明儒学即成为新的传统，与以往的气象多有不同了。阳明学的问题意识，即是从对朱子学的反动中而来，实则亦是"四书"学也。

回到经证。经证的目的，是为了增强理证的说服力，是为我所用的态度。因而，所引用的经文，其具体的所指，在当下都经过了一层转化，并非完全是当时的语境和意义了。

现在我们进入经证。

2.5 《诗》云："瞻彼淇澳，菉竹猗猗。有斐君子，如切如磋，如琢如磨。瑟兮僴兮，赫兮喧兮。有斐君子，终不可諠兮。""如切如磋"者，道学也；"如琢如磨"者，自修也；"瑟兮僴兮"者，恂栗也；"赫兮喧兮"者，威仪也。"有斐君子，终不可諠兮"者，道盛德至善，民之不能忘也。

文莱：引经，是要说明前面讲的理。这一段共 92 字，所引乃《诗经·卫风·淇澳》。此诗原为赞颂卫武公的学养品德，卫武公在位五十五年，九十五岁还战战兢兢，虚心纳谏，故世人以诗美之。

据《史记·卫康叔世家》记载，武王伐纣以后，封纣王之子武庚于故都，让殷民自治，此古之"存灭国，继绝世"之政也。为了防止内乱，武王又派其弟管叔、蔡叔傅相武庚。可武王去世后，因成王年幼，由周公摄政，管、蔡怀疑周公，即与武庚合谋作乱，最终为周公所平，将土地封给武王同母弟康叔，是为卫国的开端。康叔立国，政教修明。卫国原为伯国，传至第八代，晋为侯国，国君为顷侯。顷侯子釐侯，在位四十二年。死后原为长子共伯继位，但釐侯喜欢小儿子和，生前给他赏赐许多财物，结果他用来收买死士，在釐侯墓上偷袭，导致共伯在墓道自杀身亡。和继位，是为卫武公。

卫武公早年弑兄夺权，这原本是人生的大污点，但卫武公后来用他一生的修为，勤政爱民，赢得民众的爱戴。太史公称："武公即位，修康叔之政，百姓和集。四十二年，犬戎杀周幽王，武公将兵往佐周平戎，甚有功，周平王命武公为公。"武公护驾有功，卫晋为公国。故卫为公国，自卫武公始也。平王东迁，东周立业，即卫武公之功也。

此处以卫武公为例，不看他的过错，而看他的自新。诸圣之教，皆是给人希望，即便你过往犯下大错，当下皆有自新的机会。卫武公有，诸位亦然。而卫武公的修为到底如何呢？他是如何改过自新的呢？有何等成就呢？请看《卫风·淇澳》一诗。

淇者，卫国水名也；澳（读 yù）者，水弯曲处也。瞻彼淇澳，菉竹猗猗。诸位请看，淇水之澳，绿竹柔美。有斐君子，如切如磋，如琢如磨。正如那斐然成章的君子，他切磋琢磨，进德不已。瑟兮僩（读 xiàn，武毅也）兮，赫兮喧兮。他庄严武毅，赫赫威仪。有斐君子，终不可諠（读 xuān，通"谖"，忘也）兮。斐然成章的君子，怎么能遗忘呢！

引用这段经文，又是如何说明诚意的呢？如切如磋者，道学也；如琢如磨者，自修也。所谓道学，朱子解曰： "道，言也。学，谓讲习讨论之事。"[1] 也就是把"道"字，当作虚字，如切如磋即是言学也。如此解也无妨，但若把"道"字实看，或许更好。这样的话，如切如磋，乃是以道为学，学道也；如琢如磨者，自修也，依道而修，实证于己也。非学不知修，非修不知学，学而又修，修而又学，此格物致知也，由此拉开悟后起修的历程，起步即诚意也。

江月：切、磋、琢、磨，好形象！如铁杵成针、璞玉成器，真是要经历千锤百炼才能修成。

---

① ［宋］朱熹. 四书集注［M］. 王浩，整理. 南京：凤凰出版社，2005：7.

文莱：瑟兮僩兮者，恂栗也；赫兮喧兮者，威仪也。恂者，郑玄训作"峻"①，恂栗则言其容貌严栗也；朱子则解为战惧②。朱子解释更好些，此处侧重在慎独，由恂栗而威仪，此君子慎独，诚中形外也。

有斐君子，终不可諠兮者，道盛德至善，民之不能忘也。此诚意之效验，富润屋，德润身，心广体胖也。诚意之功，明明德于天下，天下皆为明德之所遍润，故民不能忘也。

进一步说明，何等盛德至善，民不能忘呢？

2.6　《诗》云："於戏，前王不忘！"君子贤其贤而亲其亲，小人乐其乐而利其利，此以没世不忘也。

文莱：再引《诗经·周颂·烈文》，此篇为成王执政，在祭典上唱给助祭诸侯的颂诗。所引的这段经文，则是赞颂文王、武王的功德。於戏者，叹词也。前王不忘者，不忘文、武之德也。何以不忘呢？盖因文武之政，亲贤于君子，乐利于小人，君子、小人各得其所，故文武虽殁，然后世不忘也。

此处的君子、小人，没有褒贬，只是身份的不同。小人者，民也；君子者，士大夫也。孔子曰："君子喻于义，小人喻于利。"也非褒贬的意思，而是说君子要以道义为己任，小人则有求利的自由。对于喻于义的君子，则贤其所贤，亲其所亲，故君子得其所也；对于喻于利的小人，则乐其所乐，利其所利，故小人得其所也。此人之所好好之，人之所恶恶之，文武不自以为是，能自谦也。

以上所引的两首诗，重点并不在诗本身，而是为我所用，以诗言理。所要表达的义理，实则也并无新说，上面都讲过了。诗原本的意义，在此经过一层转化，以这样的方式来讲理，可以使义理不再枯燥乏味，更有画面感，更加隽永，荡气回肠了。

---

① 参见韩星.《大学》《中庸》解读［M］.北京：中国社会科学出版社，2018：6.
② ［宋］朱熹.四书集注［M］.王浩，整理.南京：凤凰出版社，2005：7.

严复翻译外文，遵循信、达、雅的原则。信者，真实；达者，通达；雅者，美观。实际上，古文的笔法，亦复如是。《大学》既有义理之精准，亦有通达之气象，更有审美之情趣。故而，我们读经之人，也要如此，才能与之呼应，不仅要真实通达，也要生动活泼，美意盎然。

讲习至此，诸位有何体悟？

江月：君子贤其贤而亲其亲，小人乐其乐而利其利。大家各安其位，真是一幅很美好的社会景象。

文莱：今日讲习结束，诸位早安。

第十二讲　次第工夫看圣王

2020 年 11 月 12 日

文莱：诸位早安。煮茶焚香，稍等片刻。

昨日开始，进入诚意章的经证，先以咏卫武公的《卫风·淇澳》、叹文王、武王的《周颂·烈文》总说。切磋琢磨者，学修交尽，格物致知也；瑟兮僩兮者，恂栗也，慎独也；赫兮喧兮者，威仪也，诚中形外也；有斐君子，终不可諠兮者，道盛德至善，心广体胖也。亲贤乐利者，好恶不出于一己之私，而富润屋，德润身，自谦也。

以下，再引经分说诚意的工夫次第。

现在，邀请曾子入席，开启今日的分证茶会。

2.7　《康诰》曰："克明德。"《大甲》曰："顾諟天之明命。"《帝典》曰："克明峻德。"皆自明也。

文莱：此条共 26 字，言诚意之前提，自明也。所谓"自明"，物格知至也。知至者，明明德也。

所引三条经文，都是在指点明明德。昨天从卫武公的修为，说到文王、武王之德；今日再回溯三代，从文王，溯之成汤，溯之唐尧。昨日讲过，经证不仅是为了说明义理，更是通过历史的纵深，鲜活义理的内涵。也就是说，这些义理，不是简简单单的文字，而是一个个鲜活的生命，在历史中具体呈现的真理。

我们逐条来看。

其一,《康诰》曰:"克明德。"

昨日讲卫武公,提到康叔立国。康叔为武王同母弟,协助周公平定三监之乱,封于殷地。周公考虑到康叔年纪尚轻,故制《康诰》《酒诰》《梓材》诸篇,训之以治国安邦之道。《康诰》开篇即曰:"惟乃丕显考文王,克明德慎罚。"这里则略去头尾,挑选出"克明德"三字,引经证的目的也就达到了。

我们来看太史公《卫康叔世家》的记载。

> 周公旦惧康叔齿少,乃申告康叔曰:"必求殷之贤人君子长者,问其先殷所以兴,所以亡,而务爱民。"告以纣所以亡者以淫于酒,酒之失,妇人是用,故纣之乱自此始。为《梓材》,示君子可法则。故谓之《康诰》《酒诰》《梓材》以命之。康叔之国,既以此命,能和集其民,民大说(通"悦")①。

康叔立国,时在周初。康叔能修文王之道,明德慎罚,故立国以正。西周初年,平定内乱,此康叔也;西周末年,佐周平戎,东迁洛邑,此武公也。卫国由伯晋侯,由侯成公,诚有功于周室也。

孔子曰:"入其国,其教可知也。其为人也温柔敦厚,《诗》教也。"今观《卫风》,《淇澳》曰:"瞻彼淇澳,菉竹猗猗。有斐君子,如切如磋,如琢如磨。瑟兮僴兮,赫兮喧兮。有斐君子,终不可谖兮。"《考槃》曰:"考槃在涧,硕人之宽。独寐寤言,永矢弗谖。"《硕人》曰:"巧笑倩兮,美目盼兮。"《氓》曰:"淇则有岸,隰则有泮。总角之宴,言笑晏晏,信誓旦旦,不思其反。反是不思,亦已焉哉!"《竹竿》曰:"泉源在左,淇水在右。女子有行,远兄弟父母。"《河广》曰:"谁谓河广?一苇杭之。谁谓宋远?跂

① [西汉]司马迁.史记[M].北京:中华书局,2012:1590.

予望之。"《木瓜》曰："投我以木桃，报之以琼瑶。"由其所歌，其政可知也。卫立国较早，灭国最晚，享祚八百余年，可谓祖德深厚也。

克明德，克者，能也，能明其德也。此第一条，溯之文王。

其二，《太甲》曰："顾諟天之明命。"

上一条提到能明其德，何谓"德"呢？此乃天之明命，《中庸》所谓"天命之谓性"也。德者，得也。此德，得之于天，乃是天之所与我者，故孔子曰："天生德于予。"顾者，念也；諟者，是也，或作审，两种解释皆可。顾諟天之明命者，时常顾念明辨此天所与我之明德也。

太甲为商汤嫡长孙，商朝第四位君主，也是改过自新的典范。商朝的王位继承多是兄终弟及，太甲父太丁为汤之长子，死于汤前，故汤死后，王位传于太丁之弟外丙。外丙在位三年而死，王位又传至其弟仲壬。四年仲壬又亡，故在开国元老伊尹的主持下，太甲继位。太甲既立，不明政教，又不听劝谏，胡作非为，故伊尹放太甲于桐宫，让他在汤墓前悔过自新。太甲于桐宫悔过三年，伊尹遂迎之回朝，从此勤政爱民，脱胎换骨。伊尹作《太甲》三篇，将这段故事传之后世。

"顾諟天之明命"出自《太甲》，原文前还有"先王"二字。上篇伊尹以汤王"顾諟天之明命"告诫太甲，太甲不听，伊尹最终放逐太甲。中篇则是桐宫悔过三年后，伊尹迎回太甲。太甲悔过曰："予小子不明于德，自厎（致也）不类，欲败度，纵败礼，以速戾（至也）于厥躬。天作孽（灾祸也），犹可违；自作孽，不可逭（读 huàn，逃也）。"下篇则是伊尹进一步的告诫，以"惟天无亲""慎终于始"为主旨。

此第二条，以太甲桐宫悔过的故事，回溯成汤之德。

其三，《帝典》曰："克明峻德。"

《帝典》即《尧典》，为后代史官所追述。《尧典》开篇即赞尧帝之德，曰："曰若稽古帝尧，曰放勋，钦明文思安安，允恭克让，光被四表，格于上下。克明峻德，以亲九族。九族既睦，平章百姓。百姓昭明，协和万邦。黎民于变时雍。"峻者，大也。克明峻德，即能明明德也。

尧、舜为上古圣王，为华夏文明之奠基者。故孟子道性善，言必称尧、舜。庄子在《逍遥游》《齐物论》中，也每每把尧、舜当作内圣外王的典范。《逍遥游》中，尧帝是求道者的形象，先"让天下于许由"，再"往见四子藐姑射之山，汾水之阳，窅然丧其天下焉"。《齐物论》中，尧、舜就是否伐宗、脍、胥敖三国展开讨论。尧帝心忧三国未进于文明而不能释怀，大舜宽之曰："昔者十日并出，万物皆照，而况德之进乎日者乎！"① 生而不有，照而不耀，此尧帝之峻德也。

此第三条，回溯尧之克明峻德。

以上三条，往历史的纵深回溯，澄清明明德，乃亘古亘今，永恒不变之大道。所明之德，乃天之明命，故曰"峻德"。人首先要自明其明德，方能开启修行的历程，而后变化气质，超凡入圣。故自明明德，诚意之前奏也。自诚其意，悟后起修，自明之功也。

明明德，是不能刻意的。我们没有办法强迫别人明其明德。故而，明明德，必须是自由自觉的行为，来不得半点虚假。而明明德，又是人世间最有必然性的活动，是求则得之，舍则失之，求之在我者。明者，己之明；己者，明之己。此之谓自明。

今日先说诚意之先声。诸位有何体悟？

江月：今天这三则小故事，都给人以勉励。不必纠结我们过去行为是否得当，向先贤学习，当下发心反思，勤勉改之，如破茧成蝶，日后定能"诚意明德"。

泉晨：特别有感于"慎终于始""克明俊德"，已然是说不言而心有喻，自明其明德，也是内省了悟，一切由心发，从心证。

文莱：每个人都要回炉重造，返本开新。明天就言自新。过往的一切，都不该在当下干扰我们。从心起步，重新出发。

泉晨：一句"慎终于始"给我一个慎始慎终、善始善终的觉念，顾想往

① 参见崔树芝.《庄子》讲习录［M］.贵阳：贵州人民出版社，2022：99-101.

日种种，真的好想回到初心。

文莱：只要当下是活的，就可以当下自新。自己已经不再是过去那个了，不是昨天那个，甚至不是前一秒的那个，每时每刻都是新的。

泉晨：这样，每一天都是全新的开始，每天都是更好自己的起点，真好。

文莱：以新的自己，拥抱这个世界吧！

今日讲习结束，诸位早安。

第十三讲　从此明德日日新

2020 年 11 月 13 日

文莱：诸位晚上好。煮茶焚香，稍等片刻。

昨日引经，证诚意的前提，乃是自明明德。如何能够自明明德呢？在前日《卫风·淇澳》一诗中，即是切磋琢磨之学修。学修何以说是切磋琢磨呢？此学此修，乃是学其在我，修其在我，故为道日损也。有向外认知之学，此知识之学问，宋儒所谓见闻之知也；有反求诸己之学，此生命之学问，宋儒所谓德性之知也。

自新文化运动、五四运动以来，国人只求博闻广识，甚少理会自家生命问题。近百年来，国人对生命的学问已经非常陌生。我们平日的用心，都是向外扑的认知，是何种因缘让我们退回来，反求诸己呢？孔子曰："生而知之者，上也；学而知之者，次也；困而学之，又其次也；困而不学，民斯为下矣。"每个人的机缘并不相同，有生而知之，利根上智之人也；有学而知之，如读古人书，或见善知识；有困而知之，如因遭遇挫折痛苦。虽然入德之门殊途，知则一也。然而也有困而不知学者，今日尤盛也。

生而知之者，鲜矣。即便圣如孔子，也不敢自称生而知之，而曰："我非生而知之者，好古，敏以求之者也。"当今之世，生命的学问暗而不彰，故真生命无以涵养，即便天资聪颖，早岁温良，及其长也，亦未免坎陷而迷狂。此乃这个时代的可怜处。但经历生命的曲折，山重水复，猛然觉醒，痛定思痛，柳暗花明，则过往之一切，皆成入德之机缘。此又不得不谓之幸运也。

过往之坎陷、迷失乃至堕落，实因我们不知道；但正因生命之扭曲，让我们直面了扭曲的痛苦，而后幡然悔悟，求真学问以涵养真生命。故我常说，作恶亦是入德之门。过去种种，皆是媒介，冥冥中把我们带入山河茶会，与诸圣为友，倾盖如故。因而，就入德而言，殊途同归之过往，皆为序章也。泉晨，你现在想明白没有，马一浮何以不让武汉大学学生去旁听？

泉晨：文莱君，我依然不解马一浮为什么不准武汉大学学生旁听。《大师·马一浮》纪录片，看了又看，又不敢看，每每都会大哭，心疼的不只是这位志愿难达的老人……心一遍一遍被洗礼，却一遍比一遍哭得更伤心。他说："礼闻来学，不闻往教。"但是人家来，又不准旁听，是为什么呢？

文莱：因为武汉大学的学生，只愿求知，并不知学。生命的学问不是知识，若不能发愿成己成物，学之何益？故马一浮架起高墙，以待诚心来求学者也。

泉晨：明白了，不是针对武汉大学而言的。

文莱：这是马一浮坚守的师道尊严，师严而后道尊。若不是诚心求学，只是作为选修课来旁听，又何必来学呢？王阳明办龙岗书院，立下教条，首先即是立志。志不立，天下无可成之事。不能立志，即不必来。马一浮的复性书院，自然有学员，他对学员的要求很严格。这也是山河未对外公开的原因。

【按，文莱君上传《〈传习录〉讲习录》最后一页。上面记载着敬仁君与文莱君的对话。敬仁曰：今已立志成圣成贤。文莱赞曰：善哉善哉！】

文莱：既已困而学之，学而修之，终于物格知至，此自明其德也。既已自明，而后可言诚意之工夫矣。

2.8 汤之《盘铭》曰："苟日新，日日新，又日新。"《康诰》曰："作新民。"《诗》曰："周虽旧邦，其命维新。"是故君子无所不用其极。

文莱：前几日看到钱穆与马一浮交往的旧闻①，提到马一浮办复性书院时，不许在大后方的武汉大学学生来旁听。然后我就问诸位，马一浮何以这么做。泉晨君这几日反复思量，仍不得其解。我刚才作了简要说明。诸君来山河茶会，若只是看热闹，不能着实变化气质，这就是我的过错了。因为这套学问，于今人而言，多是困而后学的。若自己于此学并不紧迫，如今又得之太易，今后一旦有所需，即不会有初学时的好奇和敬畏，而断此慧命者，罪之在我，莫可赎也。

诚意章是顺着"知至"而来，也就是说，知至（自明）乃是诚意的前提。故而，诚意乃是悟后起修的第一步。具体而言，自明以后，又该如何诚意呢？

过去我们造作，乃是因为不知道。这个不知道，也有许多因缘，非我们可以控制的。譬如幼年的成长环境，所受的教育状况，等等，我们在不知不觉间，已沾染了许多恶习。我们虽做过许多恶事，严格说来，我们自己也是受害者，并不能完全对之负责。可是，山重水复，柳暗花明，如今我们知道了，即当痛定思痛，改过自新。

禅门有句话："昨日种种，譬如昨日死；今日种种，譬如今日生。"从自明其德开始，过去的那个自己，已经死去；我们究竟是谁，全赖当下的自决。过去已死，过去种种都和解了吧；今日已生，岂能再戕害慧命？

他山之石，可以攻玉。所谓"诚意"，自净其意也，即佛门所谓"诸恶莫作，众善奉行"也。诸圣之教，无非如是。过往我们因无知而犯错，如今则因自明而忏悔，而改过自新。此即诚意之工夫也。

---

① 参见钱穆. 八十忆双亲　师友杂忆［M］. 北京：生活·读书·新知三联书店，1998：237-238.

此处说明自新的道理，引经证亦有三条，我们逐条来看。

其一，汤之《盘铭》曰："苟日新，日日新，又日新。"

盘者，孔颖达训为沐浴之盘，而刻铭为戒，① 朱子从之。也就是说，这个盘，乃是圣王商汤的沐浴之具，每日洗澡之时，告诫自己不忘洗心。这样的解释，从意思上看也不算错，但严格而言，似乎也有问题。据南怀瑾考证，此盘并非沐具，而是当时贵族饭前饭后洗手之具。② 因为过去并非有条件天天洗澡，但饭是得天天吃的，每饭必反省，可见汤王慎独之功也。

《史记》中有毛遂自荐的故事。秦围邯郸，赵国公子平原君偕毛遂谒楚求援，楚王不愿解围，结果毛遂冲进殿内，文武兼施，终于说服楚王答应合纵方略。于是，毛遂谓楚王之左右曰："取鸡狗马之血来。"毛遂奉铜盘，与楚王歃血为盟。歃血用的也是盘，这个盘多半也如南怀瑾所言，是供饭前饭后洗手用的。

汤之盘，铭文曰："苟日新，日日新，又日新。"苟者，诚也；日新者，一日之新也；日日新者，日新不已也；又日新者，新无止境也。诚能一日自新，则可趁此，日新不已。日新不已，尚有功用，至于又日新，则自然而新，无所住也，不刻意而自能新也。

新，是与旧相对而言。旧者，染也；新者，净也。日新又新者，转染还净，至于净无净相，纯然至净，而无有染与之为对也。此乃自新之最终成就也。

其二，《康诰》曰："作新民。"

人不自觉而自欺，实是很可怜的。而天下人，非独我自欺而可怜，皆可怜也。因悲悯自己，而求自觉，自明其德而后自新；因悲悯世人，故愿觉他，不舍众生而作新民。作者，兴起也；新民者，自新之民也。

《康诰》原文为："汝惟小子，乃服惟弘王应保殷民，亦惟助王宅天命，作新民。"其中，"弘王应保殷民"，与"助王宅天命，作新民"对举，则作

---

① 参见韩星.《大学》《中庸》解读［M］. 北京：中国社会科学出版社，2018：8.

② 南怀瑾. 原本大学微言［M］. 北京：东方出版社，2014：240.

新民即与保殷民相关，保者，养也；作者，教也。教者，觉悟也。不仅要养民，还要觉民，方能弘王，方能助王宅天命也，宅者，顺也。

其三，《诗》云："周虽旧邦，其命维新。"

此处所引，乃《大雅·文王》。诗的原意，是说周虽是旧邦，却能新新不已，终于承受新命，继殷而兴。但此处只是借用这句诗，来说明新旧的关系。我们之所以能够自新，之所以能够与旧我和解，实因新乃旧之新，旧乃新之旧，新旧本是一物，究竟而言，本无新旧也。

在染之谓旧，而吾之明德未尝减也；还净之谓新，而吾之明德未尝增也。换句话说，新旧只是现象。即便我们曾经罪大恶极，也不能自暴自弃，因为明德之本体依然新新不已，我们要对自己有信心，当下即有自新的机会。故孔子曰："朝闻道，夕死可矣。"

说完三条引文，曾子下个结语：是故君子无所不用其极。极者，至也。此极至之地，即是至善之所，即是独也。无所不用其极者，无时无处不慎独也。

无时无处不慎独，即自明而修诚意之工夫，日新又新、作新民、虽旧维新也。

今夜茶会至此，诸位有何体悟？

阳凤：慎独还是需要点工夫的。立志不稳，慎独还是难哟。只有天天警醒自己才行，不断地犯错，不断地改正，一点一点地去改变吧！

建新：算不上体悟，说一点自己在别处的感受。做日课的时候要反思当日之过和当日之得，时日一久容易落入"今日已记一过，今日日课已做"之流弊，亦如修身、治国中常会在时间一久之后便只重形式而忘记目的。日新精要在于，今日之新我于昨日之旧我之中来，却决不再落入昨日窠臼之中，不迁怒、不贰过，日日前进，日日维新。性情相绕，使人容易眷恋旧我。因此即便如商汤也需时时提醒自己，不断日新，拥抱新我。慎独诚意的关键，似乎要靠"应如是住，如是降伏其心"来转变念头。

江月：昨日种种譬如昨日死，今日种种譬如今日生。新旧无别，根在此身。我觉得从"我"改变，是很直接同时也是很难的方式。我们能与自己和解，便是转染为净的开始。我最大的感受就是，能够对自己诚实，是一件很难的事；但如果做不到对己诚意，又何谈对人对事诚实呢？说日新又新，可能就是一步步地迈向那个诚实的自我吧。

文莱：自明而日新又新，是与自己和解，是告别，是精进，是圆成。自新而作新民，是与世人和解，是同情，是悲悯，是成全。虽旧维新，是彻底和解，是无旧，是无新，是用极。

今日讲习结束，诸位晚安。

江月：最后这个总结让人很明了，晚安。

第十四讲　无诤息讼是吾乡

2020 年 11 月 14 日

文莱：诸位早安。煮茶焚香，稍等片刻。

诚意章的引经证，《淇澳》《烈文》，总说诚意也；《康诰》《太甲》《帝典》，此言自明，诚意之前提也；汤之《盘铭》《康诰》《文王》，此言日新又新、作新民、虽旧维新，慎独之工夫也。

昨夜讲慎独之工夫，主要侧重在反躬自省，此毋自欺也。既然我们已经自明其德，如何还能安于旧习呢？故毋自欺者，必日新又新而后可也。鲁哀公问孔子："弟子孰为好学？"对曰："有颜回者好学，不迁怒，不贰过。不幸短命死矣，今也则亡，未闻好学者也。"① 孔子独赞颜回好学，因其不迁怒、不贰过也，只此便是学。此等学养，孔门虽有七十二贤，惟颜回能之。由此可见，自新之不易至也。孔子又赞颜回，曰："回也，其心三月不违仁。其余则日月至焉而已矣。"② 三月不违仁，心无杂念，不太容易，但一两天不违仁并不太难。故汤之《盘铭》，并非上来就是高标准，而是从日新开始。苟能日新，则可日日新，日新既久，即可养成习惯，而后又日新也。新新不已，变化气质之功，岂可量哉！

先是日新，培养习惯。自新的当口，实则是一步解放，从旧习中解脱也。当下自新，即是新生命的开始，充满着欣喜和希望。故学而时习之，不亦说乎？自新之可乐，恰如小时候吃的药丸，外层有甜味，故幼童乐吃而忘

---

① ［宋］朱熹．四书集注［M］．王浩，整理．南京：凤凰出版社，2005：88.
② ［宋］朱熹．四书集注［M］．王浩，整理．南京：凤凰出版社，2005：90.

其苦，则能药到而病除也。有自新之乐，而后能持续进德，日日新而新新不已。此自新之次第也。

吾人既得自新之乐，见世人犹在陷溺之中，不能自明其德，岂能不发同体大悲耶？故作新民，有以救之也。此自觉而觉他，成己而成物也。

周虽旧邦，其命维新。所谓"觉他"者，觉其自家之明德也，非强人从己也。闻道有先后，先觉觉后觉，而自明其明德，一也。故虽为先觉，不可自高，而思先觉之使命也；虽为后觉，不可菲薄，而思本有之明德也。不可看轻任何人，所谓放下屠刀，立地成佛也；不必羡慕任何人，所谓圣人之道，吾性自足也。

虽是经证，但所引皆有章法，自有其工夫次第。故讲完慎独而毋自欺，进而引经，再说自谦。这本来是很清楚的链条，但是朱子不解，而将此处之经证，列为三章，作为三纲领的解读。则此处之自明，释明明德也；无所不用其极，释新民也；以下多言止，则释止于至善也。如此自作主张，难怪乎临终前犹在校对诚意章，心不安矣。

我们来看下面的经证。

2.9 《诗》云："邦畿千里，维民所止。"《诗》云："缗蛮黄鸟，止于丘隅。"子曰："于止，知其所止，可以人而不如鸟乎？"《诗》云："穆穆文王，於缉熙敬止。"为人君，止于仁；为人臣，止于敬；为人子，止于孝；为人父，止于慈；与国人交，止于信。

文莱：此条共78字，引经三处，分两部分。逐层来看。

第一层：《诗》云："邦畿千里，维民所止。"《诗》云："缗蛮黄鸟，止于丘隅。"

"邦畿千里，维民所止。"这句诗出自《商颂·玄鸟》，邦畿者，邦国边界也。原意是说，殷商邦畿千里，疆域辽阔，这些土地皆是百姓安居之所。

"缗蛮黄鸟，止于丘隅。"这句诗出自《小雅·缗蛮》，缗蛮者，朱子训为鸟声。原意是说，缗蛮黄鸟可以在丘隅处止息，而人民却不得其止，讽刺当政者也。

　　诗的原意，在此不是最重要的，而是引出孔子的话："于止，知其所止，可以人而不如鸟乎？"民止于邦畿，鸟止于丘隅，不然止于哪里呢？民止、鸟止，是不虑而知、不学而能的良知良能，此孟子所谓"诚者，天之道也"。但孔子提出的问题是，人难道还不如鸟吗？实际上，鸟是天然止于丘隅，故鸟之"于止，知其所止"，乃是无所知而知，无所止而止。可是，人这里却很麻烦。诚，虽是人的本来面目，但人有自由意志，故与鸟之止于丘隅不同，可以诚却常常自欺而不诚。因而，孔子的反问，即提出了思诚的任务，此孟子所谓"思诚者，人之道也"。所谓"思诚"，即诚意也，只此便是人之道。故阳明先生曰："大学之要，诚意而已矣。"①

　　那么，人应该止于何处呢？止于志呢，还是止于气呢？志者，心之所向也，至善也；气者，身在所成也，欲求也。我们往往错把欲望当志气，即是认贼作父也。孟子曰："夫志，气之帅也；气，体之充也。夫志至焉，气次焉。故曰：'持其志，无暴其气。'"② 又曰："志壹则动气，气壹则动志也。今夫蹶者趋者，是气也，而反动其心。"③ 至善者，一善也，此其独也。独一，故万物皆备于我也。此独一之至善，乃人之所止，乃人所站立之地也。

　　第二层：《诗》云："穆穆文王，於缉熙敬止。"

　　由鸟之止于丘隅，反求人之所止，在于至善之独体。故而，再引《大雅·文王》，赞颂文王之敬止。穆者，原是形容天之幽微难测，后用来形容天子之庄重深远气象，以象天也。穆穆文王，其学养何如？於缉熙敬止！於者，叹也；缉者，继续也；熙者，光明也；敬者，谨慎也；止者，至善也。文王其德配天，继天之明，敬其所止，慎其独也。

① ［明］王守仁．王阳明全集［M］．吴光，钱明，董平，等编．上海：上海古籍出版社，2012：984.
② ［宋］朱熹．四书集注［M］．王浩，整理．南京：凤凰出版社，2005：246.
③ ［宋］朱熹．四书集注［M］．王浩，整理．南京：凤凰出版社，2005：247.

进而言之，如何敬止慎独呢？曰：为人君止于仁，为人臣止于敬，为人子止于孝，为人父止于慈，与国人交止于信。

君臣、父子，相对之称也。同是一人，对君而言则为臣，对臣而言则为君；对父而言则为子，对子而言则为父。也就是说，我们既是君，又是臣，既是父，也是子。君臣，是当时的语境，今日即可说是上下级。君臣父子，乃是每个人于现实社会关系中的角色。那么，我们处在具体情境时，该如何做呢？譬如，我们如何做君呢？则设身处地把自己当作臣；我们如何做臣呢？则设身处地把自己当作君。我们希望有什么样的上司？我们即做什么样的上司；我们希望有什么样的下属？我们就做什么样的下属。其他的社会关系可以类推。

美国政治哲学家约翰·罗尔斯（John Bordley Rawls），在其名著《正义论》中，为推出正义的原则，设想了一个"无知之幕"。当我们决定一件事或一个政策是否正义时，先取消我们具体的身份，在此无知之幕下做决定，你要谨慎。譬如，我们认为增加农业税是正义的，你要清楚，有可能揭开此无知之幕，你就是那个要交农业税的农民。譬如，我们决定剥夺资本家的私有财产是正义的，你要清楚，你很可能就是那个拥有巨额私有财产的资本家。在此无知之幕下，我们才更有可能搞清楚，何种原则是正义的。此无知之幕，实则即有慎独的意思。不自以为是，人之所好好之，人之所恶恶之，此之谓自谦。

君臣父子，是在社会关系中相对的角色。为君当仁，为臣当敬；为子当孝，为父当慈。而同作为国人，相互交往的原则是什么呢？与国人交止于信！你希望别人怎么对待你，你即如何对待人。在此无知之幕下，当该有的正义，乃是诚信。

所谓"诚意"，即是毋自欺。但是毋自欺，很容易流于不自觉而自欺。若真要不自欺，即当在此无知之幕下，设身处地来换位思考，此乃方便的下手处。

最后，总结诚意的工夫。

2.10 子曰："听讼，吾犹人也，必也使无讼乎！"无情者不得尽其辞，大畏民志，此谓知本。

文莱：这一条共30字，可以看作是顺着上一条而来，也可以单独作为一条，总结诚意的工夫。上一条引用的孔子的话，是孔子对《诗经》的解析，不见于《论语》，除《大学》外也未见之于他经，故不能算经证的内容，而是对所引经文的阐发。但此条所引，明确出自《论语·颜渊》，故可为单独的经证。

意所以不诚，乃是不能慎独，故自欺而不自谦也。独者，不二，但意分别执着而二之，故诤讼不断也。此条所引，想说明什么问题呢？即是从孔子对诤讼的态度中，引出诚意的工夫。那么，孔子对待诤讼是什么态度呢？听讼，吾犹人也，必也使无讼乎！听者，判断也。判决诤讼，孔子与人并无不同，让诤讼的双方各自表达自己的诉求，说出各自的理由，最后达到息讼无诤的结果。

如何做到无讼的呢？曾子引经，即是为了说出下面的一句话：无情者不得尽其辞，大畏民志。情者，信也，实也。无情者，不得尽其辞，毋自欺也；大畏民志，十目所视，十手所指，当自谦也。讼人易，自讼难；自讼易，无讼难。我们惯于把责任推给别人，此讼人易也；却不愿"反求诸己"找自己的问题，此自讼难也。我们惯于自欺，所谓"小人闲居为不善，无所不至"，此自讼易也；但鲜能取消二元对立，由自讼而讼人，诤讼不断，故无讼难也。

我们所见到的诤讼，乃是外在的争斗，其本则在意之不诚，内在之诤讼也。故无讼者，诚意也，慎独也。其本乱而末治者，否矣。此谓知本。

至此，诚意章终。诸位有何体悟？

建新："小人闲居为不善，无所不至"为啥是自讼易呀？

文莱：讼人易，自讼难；自讼易，无讼难。这两个自讼，不在一个层面上。前一个自讼，是说反求诸己难；后一个自讼，是说内在的诤讼最为根本，却难以化解。

建新：明白了。

泉晨：喜欢这个过程：当下自新，开启一个全新生命，充满生命感和希望，则日新而日日新，新新不已，乐此不疲。在这一良性循环中，不懈地坚持因为乐在其中。不计得失而一丝不苟地对待一切，就会沁润在每时每刻自新的喜悦中。诤讼是不是争辩的态度？人在无知之幕下的息讼，是因为没有分别心，所以就可以看清明了吧？

文莱：根本的诤讼，就在意之二分。不能慎独，非此即彼，故是非不断也。庄子曰："道隐于小成，言隐于荣华。故有儒墨之是非，以是其所非而非其所是。欲是其所非而非其所是，则莫若以明。"① 道隐于小成，即在于成心之分别执着也；莫若以明，即息讼之慎独也。

今日讲习结束，诸位早安。

---

① 参见崔树芝.《庄子》讲习录［M］. 贵阳：贵州人民出版社，2022：60.

第三篇 03

释修身

第十五讲　此身有所心难正

2020 年 11 月 15 日

文莱：诸位早安。煮茶焚香，稍等片刻。

昨日说完诚意章，今日再说修身章。

《大学》首章，共 215 字，为总说。自诚意章开始，为分说。诚意章共 417 字，顺着首章"知本""知至"而来，故不必再释格物致知，而格致即在其中矣。物格知至，解决知的问题，从对象性的认知活动中返回来，求其放心，自明其德。这一步工作，需要认知的参与，当然也不能无行，而是切磋琢磨的学修并进。物格知至，自明其德，至此算是觉悟。但是此时的觉悟，主要还是经由见、闻的思慧，真正的修行实际上还没有开始。也就是说，物格知至，并非一了百了，虽然知至而后意诚，但却未必能意诚。过去七天我们集中研讨诚意章，即是因为，诚意是悟后起修的第一步。由此观之，大学之道，思修交尽也。

知至而后意可诚，却未必能诚。诚意章先证之以理，再证之以经，反复其言，要在慎独而毋自欺与自谦耳。若不能自明其德，虽自欺而不觉，虽有觉而无奈何；既自明矣，则可做毋自欺的工夫，自净其意，力行忏悔，日新又新，自觉觉他，即旧而新，即烦恼而菩提，故君子无所不用其极；既毋自欺而尽己，又自谦能及人，人我不二，则无外讼，无讼之本，知至意诚。

诚意章结之以无讼，诚能知本矣。吾人见世道纷扰，不忍家国天下风雨飘摇，而思有以救之，但往往如抱薪救火，旧乱未平，新乱又起。何以故？

不知本矣。甘地曰："暴力不能解除暴力。"① 外部世界的暴力，根本则在内部世界的暴力。这个世界上的暴力，无非是内心暴力的反映。若要解除外部世界的暴力，先解除内心的暴力，而后可言和解，可言救赎，可言治平，可言理想。否则，所谓"理想"，无非欲望；所谓"治平"，适成张狂；所谓"救赎"，反成戕害；所谓"和解"，徒然虚妄。此皆未能诚其意也。

知至未必意诚，但意诚自然心正。故诚意以后，不必再释正心，直接进入修身章。

3.1　所谓修身在正其心者：身有所忿懥，则不得其正；有所恐惧，则不得其正；有所好乐，则不得其正；有所忧患，则不得其正。

文莱：首章总说，诚意分说，前两章共 632 字。诚意需要单说，因为知至未必意诚，诚意是真正修行的首要工夫。正心不必再释，因意诚而后心正，这里没有间断。何以故？因为此心本无不正，只因此意逐物而不返，故此心放而不归。知至意诚，而内无讼，此即求其放心一段工夫。故曰意诚自然心正也。

从天下、国、家到身，是由远及近，而以修身为本。孔子曰："夫仁者，己欲立而立人，己欲达而达人。能近取譬，可谓仁之方也已！"② 欲为大人者，既知其本，再由近及远地推扩出去，则能步步扎实，不落虚套。

从心、意、知、物，是由内而外，而以诚意为本。物者，身与家国天下也；格者，来也，则天下为一家，中国为一人也。格物即庄子之齐物、无著之唯识，故格物即致知也。物格而后知至，以此知为基，做诚意的工夫，意诚而后心正。

---

① 甘地的非暴力根本上乃是和解的精神，与《大学》所谓的"无讼"有异曲同工之妙。关于甘地的非暴力精神，有一部书值得一看，参见埃里克森. 甘地的真理：好战的非暴力起源 [M]. 吕文江，田嵩燕，译. 北京：中央编译出版社，2010.

② ［宋］朱熹. 四书集注 [M]. 王浩，整理. 南京：凤凰出版社，2005：96.

格致者，大学之基也；诚意者，修行之本也。故说诚意，格致自在其中，而通于心身家国天下。故王阳明曰："大学之要，诚意而已矣。"

由远及近，由内而外，其接口则在身心关系。

吾人根本的麻烦，在有此身。有身之痛苦与忧患，乃是一切大教的诞生地。此乃存在之实感，是吾人最直接的生命体验。老子反问："吾所以有大患者，在吾有身，及吾无身，吾有何患？"① 庄子叹曰："一受其成形，不忘以待尽。"② 文殊师利问维摩诘："善不善孰为本？"维摩诘答曰："身为本。"③ 孔孟之道，有杀身以成仁，有舍生而取义。此皆是存在之感受，而终于"吾丧我"，知至意诚而身修。此吾所谓同情所以理解，无我方能成全也。

庄子所谓"吾丧我"，孔孟所谓"成仁取义"，非不要此肉身假我，而是生命不为此身所限也。此身乃吾人现实存在的载体，既可以为患，也可以造福。若心无所主，吾人则受制于身，此身之成住坏空、生老病死，皆能扰乱吾心，不得安宁，此身所以为患也。若心有所主，吾人则心广体胖，富润屋，德润身，以道践形，四体不言而喻，此身非但不为患，反为一宝也。故老子曰："贵以身为天下，若可寄天下；爱以身为天下，若可托天下。"④

吾所以有大患，在吾有身；及吾无身，大患当即解除。此身之患，表现何在？庄子在《齐物论》中，有一大段描述，而《大学》此处，只用 46 字，简述为四条，即有所忿懥（读 zhì，怒也）、有所恐惧、有所好乐、有所忧患。此身一旦有此四者，其心即不得其正。此身之为患也。

有所忿懥，不得其正，尚好理解，但是恐惧、好乐、忧患，明明见之于诸经，何以说要不得呢？譬如诚意章言慎独，《中庸》即曰："戒慎乎其所不睹，恐惧乎其所不闻。"恐惧正所以慎独也。又如诚意章言文王之德，而曰"君子贤其贤而亲其亲，小人乐其乐而利其利，此以没世不忘也"，利乐同

---

① 参见崔树芝.《道德经》讲习录［M］.香港：晓熙国际有限公司，2018：39.

② 参见崔树芝.《庄子》讲习录［M］.贵阳：贵州人民出版社，2022：61.

③ 参见李翊灼，校辑.维摩诘经集注［M］.台北：老古文化事业公司，1983：406-407.

④ 参见崔树芝.《道德经》讲习录［M］.香港：晓熙国际有限公司，2018：39.

人，所以自谦也；再如孔子言《易》，曰："作《易》者，其有忧患乎？"何以忧患也要不得呢？

《维摩诘经》中，在文殊师利问维摩诘"善不善孰为本"一段，维摩诘反身而诚，身以欲贪为本，欲贪以虚妄分别为本，虚妄分别以颠倒想为本，颠倒想以无住为本。文殊师利再问："无住孰为本？"答曰："无住则无本。文殊师利！从无住本，立一切法。"此处的无住，即是无明。所谓"无明"，即是独之不慎，而意不诚矣。意不诚，则颠倒想，分别执着，欲贪生焉。此身之所以为患也。

故而，此身之有所忿懥、有所恐惧、有所好乐、有所忧患，根本上不在于忿懥、恐惧、好乐、忧患之情，而在于"有所"也。"有所"即是意不诚，而内自讼也。

戢山：有所之病，皆从物不格、知不致、意不诚而来。意不诚，则发而为喜怒哀乐，无往而不限于有所。于此毫厘，于彼寻丈，故君子必慎其独也。①

文莱：戢山先生是真知慎独者也。有所之病，是此身所以为患也。

伊川：忿懥、恐惧、好乐、忧患，非是要无此数者，只是不以此动其心。学者未到不动处，须是执持其志。②

船山：夫然，而后即有忿懥、恐惧、好乐、忧患，而无不得其正。何也？心在故也。③

文莱：程子、船山先生，可谓知言也。

船山：（程子）乃探本立论，以显实学，非若后人之逐句求义而不知通。④

朱子：程子曰："身有之身当作心。"盖是四者皆心之用，而人所不能无

---

① 转引自唐文治．大学大义　中庸大义［M］．崔燕南，整理．上海：上海人民出版社，2018：30-31.
② 参见韩星．《大学》《中庸》解读［M］．北京：中国社会科学出版社，2018：30.
③ ［清］王夫之．读四书大全说［M］．北京：中华书局，2009：29.
④ ［清］王夫之．读四书大全说［M］．北京：中华书局，2009：27.

者。然一有之而不能察，则欲动情胜，而其用之所行，或不能不失其正矣。①

文莱：忿懥、恐惧、好乐、忧患，此四者不必无，程子所言诚然。但"有所"不可有，则程子不知也。此身有所之病，蕺山先生得其解矣。

文治：愚意"身有"之"身"当如字。盖忿懥四者，皆由吾身之气质以害及吾心者也，由外以累其中者也。②

文莱：文治（唐文治，1865—1954，江苏太仓人，近代教育家，创办无锡国专，培养出吴其昌、蒋天枢、冯其庸等大家）所言甚是。此段所言，乃身之为患，扰攘吾心也；至下一段，则此心不正，而身不修矣。熊十力曾将圣学说为"思修交尽"之学，我觉得说得还不充分，该当再加一句"身心交养"。此处之一正一反，正吾所谓身心交养也。故而，我常说，身体若出问题，不要急着问药，先当安心；精神若出问题，也不要认为此心有病，急着去找心理医生，当先宽体。身能影响心，心能影响身，心广体胖，体宽心安，此身心交养之道也。

应宾：此身有之身，善乎其言正修也，更之曰心，是亦不可以已乎?③

文莱：三一先生也来啦。感谢诸友来会，今日茶会至此，诸位有何体悟?

建新：今天内容多，还在看。

江月：感觉这节简直就是为我量身定制的。心无所主，故生迷茫，而无法心安。心不安何来心正，心不正故七情六欲全来了，一时间把控不住自己，鸡飞狗跳。"修身"之学，还是要从修"心"入手。心能正，则能开始脱胎换骨，杀身以成仁。

文莱：今日茶会结束，诸位早安。

---

① ［宋］朱熹. 四书集注［M］. 王浩，整理. 南京：凤凰出版社，2005：9.

② 唐文治. 大学大义　中庸大义［M］. 崔燕南，整理. 上海：上海人民出版社，2018：30.

③ ［明］吴应宾. 宗一圣论　古本大学释论［M］. 张昭炜，整理. 上海：复旦大学出版社，2019：169.

第十六讲 心不在焉枷锁扛

2020 年 11 月 16 日

文莱：诸位早安。煮茶焚香，稍等片刻。

半月读经，有何问题没有？

草原：收获很大，而且很受感动。因为忙于孩子期中考试，所以大多数在空余时间拜读，很受启发，也为大家这种执着追求真学问的劲头所感动。

文莱：昨日提到，诸圣之教，思修交尽，身心交养。身之为患，是所有大教的起点，此存在之感受也。我们能真实感受到此身之患，并加以自觉地反省，我们方可登堂入室，与诸圣以心印心。

此身为患，我们最开始浑然不觉。经由幼儿期的天真烂漫，青少年期的积极有为，或早或迟地，我们突然发现，不仅外部世界我们很难如意，甚至我们也做不得自己内部世界的主。孔子曰："性相近也，习相远也。"① 我们在不知不觉间，沾染了许多欲望习气，当我们自觉时，已经很难对付了。我们的欲望，是如此真实，力量又如此之大，不是想没有就没有；我们的性情，是如此顽固，虽知冲动是魔鬼，遇到事情依旧故我。我难以做此身的主，此身却常常做我的主。我也想精进，此身却疲怠；我也想奋发，此身却沉沦；我也想安宁，此身却躁动。我们好像是此身之奴隶，却得承担所有的后果。

我常说，当今之世，诱惑是更多了，工夫是全无了。我也说过，当今之

---

① ［宋］朱熹. 四书集注 ［M］. 王浩，整理. 南京：凤凰出版社，2005：190.

世，一个人之所以看起来还像个好人，唯一原因，是诱惑还不够大。我们能拿此身怎么办呢？如果我们没有修行一念，沉沦是迟早的事儿。在沉沦这件事上，我们每个人都是平等的，或早或晚，或此或彼而已。而实际上，当我们感觉到沉沦时，实则已经沉沦久矣，微而不显，或视而不见而已矣。孔子曰："人之生也直，罔之生也幸而免。"① 我们不能靠幸运活着，而应当过一种有必然性的生活，是求则得之，求之在我的生活。

诸圣从此身之患中觉醒，探求安身立命之道。所谓"诸圣"，真生命也；所谓"诸圣之教"，纯洁化吾人之生命者也。我在《〈道德经〉讲习录》前言中说："孔子、释迦、老庄，皆真生命之表率也。或仁者爱人；或普度众生；或去私寡欲。虽教法各异，然不出无我无执，参赞天地也，而其功夫所在，莫不是反求诸己，反身而诚，善莫大焉。"②

未闻诸圣之教以前，此身诚然为患。既闻诸圣之教，则有望变化气质，转危为安。则此身不足为患，语默动止，行住坐卧，无非道体流行。

我们继续看修身章的下半场。

3.2　心不在焉，视而不见，听而不闻，食而不知其味。此谓修身在正其心。

文莱：修身章的上半场，是揭伤疤；至下半场，则给解药。

上半场说，此身有所忿懥、有所恐惧、有所好乐、有所忧患，则不得其正，不是在说我们不可以有此四者，而是说，此身"有所"，故此心不得其正。换句话说，如果心得其正，此身即便有忿懥、恐惧、好乐、忧患之情，又有何伤！恐惧、好乐、忧患，昨日皆证之于经，忿懥又如何呢？孟子曰："文王一怒而安天下之民。"③ 虽忿懥，又何伤！

---

① ［宋］朱熹.四书集注［M］.王浩，整理.南京：凤凰出版社，2005：94.
② 参见崔树芝.《道德经》讲习录［M］.香港：晓熙国际有限公司，2018：1.
③ ［宋］朱熹.四书集注［M］.王浩，整理.南京：凤凰出版社，2005：232.

修身之前，此身习于"有所"，染法日熏，积习难返。但是，既闻大学之道，净法熏习，日新月异，路虽远，行者常至。

下半场，乃开药方。中医治病，必要求患者对医师有足够的信任，严格按照中医大师的指令服药，乃至调整自己的饮食起居。虽有名医，你若不信他，讳疾忌医，又如何能治病呢？故而，在治病这一活动中，医生虽然重要，但是病人也非被动，两相配合，精准施药，方能药到病除。

现在，请听"医生"指点药方。

"心不在焉，视而不见，听而不闻，食而不知其味。"焉者，此也。所谓"心不在焉"，即是三心二意，心有旁骛，心不在此也。譬如，心若不在视上，则视而不见；不在听上，则听而不闻；不在食上，则食而不知其味。一个失恋的人，让他去看风景，山河失色；让他去听音乐，钟鼓失声；给他吃美食，珍馐无味。乃至眼耳鼻舌身，统统失效。并非身体出了什么问题，而是心不在焉耳。也就是说，眼耳鼻舌身之所以能发挥功能，即在有此心也。那些死了的人，眼耳鼻舌身俱在，却不能发挥色声香味触的作用。我们虽活着，却常常也如一具行尸，何以故？此心放而不归也。

此身"有所"，造作妄为，扰攘吾心，心不得正；心不得正，往而不返，心不在焉，此身"有所"。这岂不是一个闭环吗？我们在此闭环中的命运，莫非如希腊神话中的西西弗斯？刚把石头推到山顶，又滚下来，再推上去，又滚下来，周而复始，一生只能如此徒劳、蹉跎吗？此身心交害也！

出路在哪里呢？此谓修身在正其心。此心虽不觉而为形役，亦可觉而能润身。陶渊明《归去来兮辞》曰："既自以心为形役，奚惆怅而独悲？悟已往之不谏，知来者之可追。实迷途其未远，觉今是而昨非！"此身之病，实在此心。既善识病，则能治病。如何治病？在正其心。心如何正？意诚而后心正也。诚意为修行之初步，亦修身之工夫也。

身—心—身，既可交害，亦可交养。身心交害，则此心同流合污，为大盗之军师；身心交养，则前身为悟道之因缘，后身为践道之资具也。在此心明德之遍润下，此身诚可爱者也。

心不在焉，如何如何，是从反面提示药方。药效如何，还看诸君诚意之功也。不勤修诚意工夫，正如佛家所言，生死关头，做不得主也。故大学之要，诚意而已矣。

修身章，至此结束。诸位有何体悟？

江月：很喜欢陶渊明的这首诗。现在读起来和从前学习时有很不一样的感受。心不在位，故心无所依，入迷途而忘来路。我们正心，就是要让心回归其位，诚吾本意。

文莱：今日茶会结束，诸位早安。

第四篇

04

释齐家

第十七讲　身既不修有所偏

2020 年 11 月 17 日

文莱：诸位晚上好。煮茶焚香，稍等片刻。

昨日说完修身，今日再说齐家。

自天子以至于庶人，壹是皆以修身为本。为何是以修身为本？因为吾人根本的麻烦，即在于有此身。如何安身立命，乃是一切大教的出发点。故老子讲吾无身，庄子讲吾丧我，孔曰成仁，孟曰取义。

就《大学》而言，此身病在何处呢？即在"有所"。身之"有所"，则家国天下皆在此身之外，而为此身之所对，此即是物之未格。物之未格，故知之不至，意不诚而心不正也。那么，该如何修身呢？首先即在于格物，去其"有所"之知，而后知至。正如诚意章所言，格物致知，并非一了百了，必须下一番诚意的工夫，而后意诚心正，心正而后身修。

身既有所，心亦陷溺于有所之身，故不得其正。心不得其正，故心不在焉，则视听言动，皆失其正，而身不修矣。在修身章的上半场，此心陷溺于此身而不得其正，下半场又言修身在正其心，这又是如何可能的呢？正其心的动力何在呢？或者说，此心既陷溺而不明，那么最初修身的念头又从哪里来的呢？若我们连这个念头也发不起，连"修身"是什么都不清楚，修身又如何起步呢？

诸位，说起来真是惊心动魄。我们最初并没有修行一念。新文化运动、五四运动以来，国人妄自菲薄，对老祖宗传下来的圣学，弃如敝屣。生命的学问，不登大雅之堂久矣。我们多是在蹉跎岁月，山重水复之后，才柳暗花明，方知诸圣之教，句句着实。独学而无友，则孤陋而寡闻。于是，山河诸友不辞辛劳，不因读经而废事，不因诸事而废经，讲习不辍，切磋琢磨。此间因缘，不可思议。因缘既具，得闻诸圣之教，则知本矣。由此，开启了修身下半场之机也。故菏泽神会禅师曰："知之一字，众妙之门。"知，乃是圣道之门，破门而入，则知至而诚其意，修行始矣。

以上，言有身之患，何以陷溺其心，又何以得贞下起元之机。诸位皆闻诸圣之教，若能仔细揣摩此间来龙去脉，念天地之悠悠，岂不怆然而涕下！

以下，再言有身之患，何以陷溺家国天下。先从齐家说起。

4.1　所谓齐其家在修其身者：人之其所亲爱而辟焉，之其所贱恶而辟焉，之其所敬畏而辟焉，之其所哀矜而辟焉，之其所敖惰而辟焉。故好而知其恶，恶而知其美者，天下鲜矣。

文莱：人者，众人也；之者，于也；辟者，即僻，偏也。

此身之病，在于有所。有所既可以见诸事而生情，亦可以见诸人而行事。即事而生情者，忿懥、恐惧、好乐、忧患也；即人而行事者，亲爱、贱恶、畏敬、哀矜、敖惰也。前者在修身章，此身有所，心不得其正；后者在齐家章，此身有所，家辟而不齐。世人对于其所亲爱的，则偏而过其分。至于其他四者，亦复如是。这五类具体何义呢？

船山：此章"亲爱"等十字，其类则五，而要为十义。①

文莱：船山先生，此话怎讲？

船山：亲者相洽相近之谓，爱则有护惜而愿得之意。（已得则护惜，未得则愿得。孟子云"彼以爱兄之道来"，不可言亲兄；以"郁陶思君"之言有护念而愿见之意。）畏者畏其威，敬者敬其仪。畏存乎人，敬尽乎己。（父兼畏敬，母兄唯敬。）哀则因其有所丧而悼之，矜则因其未足以成而怜之。

---

① ［清］王夫之．读四书大全说［M］．北京：中华书局，2009：34.

（丧则哀，病不成人则矜。）贱以待庸陋，恶以待顽恶。①

文莱：船山先生，逐字解析，确有味道。是否有此必要，分得如此清楚，咱们还可以商榷。无妨！那么，敖惰又作何解？

船山：敖者，亢敖自尊而卑之也。惰者，适意自便而简之也。敖必相与为礼时始见，如扶仗而受卑幼之拜是已。惰则闲居治事，未与为礼时乃然，虽过吾前，不为改容也。②

文莱：船山先生细分亲、爱等五类十义，可作参考。实则，若说亲、爱二者不一样，自然也可如船山先生所言，但没有必要分得如此清楚。亲、爱，一也；贱、恶，一也；畏、敬，一也；哀、矜，一也；敖、惰，一也。按照船山先生的说法，敖，乃是傲慢；惰，乃是轻慢，不搭理人也。不管如何，亲爱、畏敬、哀矜，皆好之也；贱恶、敖惰，皆恶之也。

如修身章一样，吾人并非不能有亲爱、贱恶、畏敬、哀矜、敖惰。此五类行为，诸圣不妨为之以权；问题在于，有所而辟，此有身之患而至于家也。结果则是，好即不知其恶，恶即不知其好。我们喜欢一个人，就看不到他的缺点；我们讨厌一个人，就看不到他的优点。如此之好恶，即是辟，盖因物之未格，而知之不至也。辟的反面，则是平。平者，齐也。故而，若此身无所，则好恶不辟而家齐矣。

今夜先讲到这里，诸位有何体悟？

建新：齐家的齐，原来是"爱而知其恶，恶而知其善"的意思。家，是指家人。齐家，就是把正心的工夫从自己推至家人这个圈层。

文莱：齐，即是平齐，本章所谓"好而知其恶，恶而知其美"也。扩而言之，齐家即是安家、治家，但不言安、治而言齐者，取不偏"辟"而平齐之意也。家人皆得其所，如此方是家齐。

今日讲习结束，诸位晚安。

① ［清］王夫之. 读四书大全说［M］. 北京：中华书局，2009：34.
② ［清］王夫之. 读四书大全说［M］. 北京：中华书局，2009：33-34.

第十八讲　但能识病又何伤

2020 年 11 月 18 日

文莱：诸位早安。煮茶焚香，稍等片刻。

此身有所，是物之不格，而知之不至也。知不至，则意不能诚而内自讼，此心所以不正也；物不格，则随身为辟而外讼人，此家所以不齐也。

修身为本，其机在知，诚意为功，意诚而心正，心正而身修。知之一字，众妙之门。破门而入，日新又新。故修行不能不注意"知"的作用，这是我们入道的机缘。此"知"虽然还需要致，还需要止，但是你若没有"知"这个环节，你要致的是什么？你要止的是什么呢？岂非无的放矢！认知，一般而言是归于识心的范畴，识心者，妄心也。识心既可以执迷不悟，也可以正闻熏习而如理作意。圣学乃思修交尽，既要走心而此心光明，也要过脑而头脑清楚。六祖慧能曰："菩提自性，本来清净，但用此心，直了成佛。"禅门也多主张，不立文字，截断众流。禅门大德所言，实际上并非说可以不去用思，但用此心，即可成佛。而是经由文字，而后不立文字；深入经教，而后超越经教。知—致知—知至，最终觉悟到"菩提自性，本来清净"，实则经历了三个环节。最初的知，虽然不美，却不可小觑。此亦所谓"恶而知其美"也！

致知在格物。此格物，即是来物，破除物我的分别。故而格物即是齐物，其本身即是致知，乃是致知的具体化。能格物，则知此身之患，病在有所。知病非即是治病，但已得治病之先机也。所谓"修身"，即是去其有所之病，治病之功，即在知至而意诚，意诚而心正也。

修身为本，诚意为功。修身为本，则知病矣；知至意诚，则病治矣。王阳明曰："大学之要，诚意而已矣。"岂非深得大学之旨也哉！格致诚正，是就身心关系而言修身之功；修齐治平，是就物之本末而言修身之效。本在修身，功在诚意。既然修身为本，如此重要，为何修身在正心章只72字，齐家在修身章只96字，两章谈修身合起来才168字，远不及诚意章417字之多，也就可以理解了。

昨日谈齐家，先说此身之患。人之其所亲爱、其所贱恶、其所畏敬、其所哀矜、其所敖惰而辟，此物不格也。故好而知其恶，恶而知其美者，天下鲜矣。鲜知者，知不至也。一个"故"字，乃是递进关系。

身既不修，再以一句谚语，说家之不齐。

4.2 故谚有之曰："人莫知其子之恶，莫知其苗之硕。"此谓身不修，不可以齐其家。

文莱：人为何不知其子之恶呢？人之其所亲爱而辟焉。人子乃人之所亲爱者也，爱而过其分，故好而不知其恶也。

俗话说："慈母多败儿。"正今日之写照也。如今的家庭教育，以孩子为中心，老人反倒无足轻重，乃至成为孩子的佣人，此伦理之失序，为家之不齐也。赵太后新用事，秦急攻之。赵氏求救于齐，齐曰："必以长安君为质，兵乃出。"太后不肯，大臣强谏。太后明谓左右："有复言令长安君为质者，老妇必唾其面。"此赵太后之爱长安君也。触龙曰："父母之爱子，则为之计深远。"又曰："位尊而无功，奉厚而无劳，而挟重器多也。今媪尊长安君之位，而封之以膏腴之地，多予之重器，而不及今令有功于国。一旦山陵崩，长安君何以自托于赵？老臣以媪为长安君计短也，故以为其爱不若燕后。"触龙所言，诚能知爱子勿辟之道也。

应宾：凡恶之可知者，非恃吾之能见之也，恃吾能闻而察之也。至于子之恶，而闻之途寡矣。①

---

① ［明］吴应宾. 宗一圣论　古本大学释论［M］. 张昭炜，整理. 上海：复旦大学出版社，2019：176.

文莱：子之恶，为何闻之途寡呢？请三一先生言无不尽！

应宾：问子于母，私之而掩其不善；问子于仆，畏之而掩其不善；问子于友，疏之而掩其不善；问子于师，自为地而掩其不善；问子于诸父昆弟，长虑却顾而掩其不善。①

文莱：这些人为何一定要掩其不善呢？

应宾：父之溺于爱者，难语以子之过也，以其触忌而逢怒也。②

文莱：三一先生所言诚然。若父亲溺爱其子，我去说他儿子不好，岂不是犯了忌讳而惹他生气！还是算了吧。那如果父亲是严父呢？也不可以说吗？

应宾：父之严于督者，难语以子之过也，以其伤恩而取怨也。③

文莱：伤恩而取怨，这又是为什么呢？

应宾：严父之责善也，以为荣也，称其子之不善而嫌于辱之矣，故怒其子也，或至于已甚，而听其言也，不免于中疑。所谓一之已甚而不可以再者也。况夫子未出于正，而适启其子以议父之端乎？故非君子之有真爱者，不肯以其子之过语父；非君子之有术智者，亦不易以其子之过语父也。④

文莱：不说，父亲爱而辟，不知子之恶；说了，也是无补于事。是这样吧？

应宾：听则听矣，而言之者未必有当于子之恶。虽其有当于子之恶，而听而怒之者，亦未必有补于子之善也；怒其不善而无补于其善，则不如勿知

---

① ［明］吴应宾. 宗一圣论　古本大学释论［M］. 张昭炜，整理. 上海：复旦大学出版社，2019：176.

② ［明］吴应宾. 宗一圣论　古本大学释论［M］. 张昭炜，整理. 上海：复旦大学出版社，2019：176.

③ ［明］吴应宾. 宗一圣论　古本大学释论［M］. 张昭炜，整理. 上海：复旦大学出版社，2019：176.

④ ［明］吴应宾. 宗一圣论　古本大学释论［M］. 张昭炜，整理. 上海：复旦大学出版社，2019：177.

而已矣。①

文莱：作为父亲，内心实不太愿意听到别人说自己的儿子不好。听到了，觉得很没面子，然后又迁怒于子，非但不能让孩子更好，反而伤了父子之情。这确实是常见的现象！

应宾：夫亲爱之僻于子也，而不能知其子之恶；亲爱之僻于斯人也，而不如不知其子之恶。故亲爱者，僻之首而蔽之尤也。②

文莱：慎之！慎之！人之其所亲爱而辟焉！

应宾：以亲爱之僻成哀矜之僻，而我为其所愚矣；以亲爱之僻成畏敬之僻，而我为其所制矣；以亲爱于此之僻成贱恶傲惰于彼之僻，而我为其所颠倒矣。③

文莱：三一先生之见，可谓至矣，无以复加矣。可否请先生再总结一句，何以人莫知其子之恶？

应宾：以人情为田，而养孝弟仁让之苗，虽有知其稿者，寡矣。④

文莱：那莫知其苗之硕，何解？

应宾：以智力为田，而养富贵利达之苗，虽有知其硕者，寡矣。⑤

文莱：三一先生善譬，可谓知言者也。人子者，人之所亲爱者也，亲爱而辟，则不知其恶也；禾苗者，农夫所求利者也，求利心切，总以为自己的苗长得太慢，以为别人家的长得好，故不知其苗之硕也。

最后下一结语，此谓身不修不可以齐其家。此处不是用肯定语句，而是

① ［明］吴应宾．宗一圣论　古本大学释论［M］．张昭炜，整理．上海：复旦大学出版社，2019：177.
② 古本《大学》原文为"辟"，通"僻"，故吴应宾在释论中直接用"僻"字。参见：［明］吴应宾．宗一圣论　古本大学释论［M］．张昭炜，整理．上海：复旦大学出版社，2019：177.
③ ［明］吴应宾．宗一圣论　古本大学释论［M］．张昭炜，整理．上海：复旦大学出版社，2019：177.
④ ［明］吴应宾．宗一圣论　古本大学释论［M］．张昭炜，整理．上海：复旦大学出版社，2019：178.
⑤ ［明］吴应宾．宗一圣论　古本大学释论［M］．张昭炜，整理．上海：复旦大学出版社，2019：178.

用否定语句来表达齐家在修其身，何以故？盖修身乃齐家之必要条件，而非充分条件也。这是逻辑学的用语，所谓"充分条件"，有之必然，无之未必不然也；所谓"必要条件"，有之不必然，无之必不然也。也就是说，修身未必能齐家，这似乎让人有点丧气；但不修身家必不齐也，齐家之道，必以修身为本也。

那么，如何修身呢？这里没有说，因为之前都说过了。欲修其身，先正其心；欲正其心，先诚其意。物格而后知至，知至而后意诚，意诚而后心正，心正而后身修。知至未必意诚，但意诚必然心正，心正必然身修，故修身正心、齐家修身两章，略而言之，但识其病而已矣。

齐家章至此结束。诸位有何体悟？

泉晨："身无所"，让我想起了《金刚经》的"因无所住而生其心"。无所住，格物以致知，知至而后意诚，意诚心正则身修，身修而后家齐，成己才能成物。

文莱：今日讲习结束，诸位早安。

第五篇 **05**

释治国

第十九讲　于国成教不出家

2020 年 11 月 19 日

文莱：诸位晚上好。煮茶焚香，稍等片刻。

昨日说完齐家，今夜继续说治国。

修身、齐家两章，皆是直指病灶，并未说如何正其心而修身，如何修其身而齐家。但是，既能识病，离治病不远矣。欲齐其家者，先修其身；欲修其身者，先正其心；欲正其心者，先诚其意。意诚而后心正，心正而后身修，身修而后家齐。故诚意即是正心、修身、齐家之工夫也。

为何讲到诚意，不再继续讲"欲诚其意者，先致其知；致知在格物"呢？因为格物致知，乃是悟前求知；知至意诚，方是悟后起修。故诚意，才显修行的工夫。那么，格物致知是在干什么呢？即是从认知上，搞清楚此身之为患，先破除对此身的执着，此进德之机也。此身所以为患，盖因无始以来，我们的本心为欲望习气所遮蔽，陷溺于此身而不觉，故妄分人我，物我间然。故格物者，来物也，摄家国天下于一身也。致知者，取消分别对待，转识（知）成智（知）也。

昨日讲齐家，身不修不可以齐其家。这种双重否定，表达的是，修身乃齐家的必要条件。也就是说，你若无意于修身，却"欲齐其家"；那么，你的"欲"是不诚实的。但是这并不意味着，你修身了，家就必然能齐。若你因家之未齐，而自暴自弃，认为修身无用，此乃求之于外，非君子之修身也。

以上，是从修身之效验上，言修身未必即是齐家。这么说来，欲明明德于天下者，在身家这里即已经断裂，如何能进一步国治而天下平呢？

从效验上看，确乎如此。即便圣如孔子，亦不为当时所用，没有机会直接参与天下的治理。但是，孔子之明德，没有明于天下吗？《中庸》曰："君子之道，暗然而日章。"《易经·乾卦》之《文言》曰："龙，德而隐者也。不易乎世，不成乎名，遯世无闷，不见是而无闷。"世人之见或不见，明或不明，何伤于孔子之明德耶？正如日月在天，万物皆照，而盲者不见，非日月咎也。故孔子之在家，明德润其家也；孔子之在国，明德润其国也；孔子之在天下，明德遍润天下之民也。盲者不见，非孔子咎也。故君子遯世无闷，可也。家国天下，不外于吾身，故德润身，心广体胖，天下皆为此德所遍润，何况其家耶！而家中仍有悖逆之人，如盲者之不见日月，又何伤于修身君子之明德也哉！

效验有迟速，有广狭，此求之不在我也。欲齐其家者，当先求所以齐家之道，而不当急于已然齐家之功。故董仲舒曰："正其义不谋其利，明其道不计其功。"此之谓也。

以上，就身家关系再作说明，以进入下面的家国关系。

5.1　所谓治国必齐其家者，其家不可教而能教人者，无之。故君子不出家，而成教于国。孝者，所以事君也；弟者，所以事长也；慈者，所以使众也。

文莱：欲明明德于天下者，物格知至而后做诚意的工夫，至于意诚心正而身修，这是一条鞭下来的。格致诚正修，工夫所在即是诚意。但是，君子既已修身，欲齐其家者，则不能指望家中所有人皆能自诚其意。因为，师父领进门，修行看个人。每个人的机缘不同，有先觉，有后觉。你不能因为你的机缘成熟而先觉，就理所当然地认为，所有人当下都得自觉，此乃强人所难，甚至是道德的傲慢。

先觉者，有责任觉民行道。但这个责任，乃是自己自觉的使命，是成己成物、自度度人的宏愿，并不能因此认为，众生有觉悟的义务，一旦不觉悟，自己甚至还有权利去施加惩戒。诸位啊，我们没有这个权利！觉悟，乃是自己之自由自觉的事儿，是求之在我，而非可以求之于人的。我们要做的，只是以我之明德春风化雨，润物无声。故《大学》开篇，明明德而亲民，必止于至善。至善者，无善无恶也，既非执恶，亦非执善，一有所执，则此善一转而为暴力之旗帜，伤人不啻恶也。

从这个角度而言，修身、齐家，乃至治国、平天下，无待于效验之迟速广狭，皆是自足于己，并无断裂的。因而，我们对于齐家、治国之具体目标，当能有更为清醒的认识。不是说家中、国中的所有人，皆能自诚其意，方是家齐、国治；而是说，欲齐其家、欲治其国者，先修其身，身修而后家齐、国治，吾之明德遍于家国也。

所谓治国必先齐其家者，其家不可教，而能教人者无之。这句话是解释"欲治其国者，先齐其家"。同样，从效验上来看，齐家未必就能治国。尤其是现代社会，家庭越来越小，社会交往并非以家庭为单位，企事业单位、社会组织等，已然成为社会交往的主体；而随着现代生产方式的影响，以及交往的虚拟化，个人主义成为更年轻一代的价值观，逃避家庭而选择独身主义，也是可供选择的生活方式。在这种情况下，家、国关系，显得越来越疏远了。

在现代社会，再谈治国在齐家，似乎要被人嘲笑为迂腐。那么，我们就来看看《大学》讲的家国关系，到底是如何的呢？在今天是否就已经过时了呢？

欲治其国者，先齐其家。虽并不能说，家齐一定国治，但是若真"欲治其国"，却不愿花工夫齐家，此"欲"不也是不诚吗？其家不可教，而能教人者，无之。你拿那些连教家人都行不通的道理，去教国人，岂有此理呢？

就今天的现实而言，我们再拿企业来说吧。譬如，你是有理想的企业家，你办企业，并不仅仅满足于追求利润最大化，而是希望通过企业实现社会价值，让这个国家更美好。可是，你却压榨员工，乃至投机倒把、假冒伪劣，那你的"欲治其国""欲国更好"，这个"欲"不是很不诚实吗？我们干脆别说这个"欲"，还是为自己积点德呢！

由此可见，治国与齐家，事虽不一，道无二致，此所谓理一分殊也。所以齐家者，即所以治国者也。同样，可以类推，所以治企者，即所以治国者也。齐家、治企，皆是一理之分殊；而治国之道，乃分殊之一理也。既然是理一分殊，分殊可以有很多，为言说的方便，我们还是聚焦到《大学》的程序，只以家国论。

所以齐家者，即所以治国者，故君子不出家而成教于国。在家，则事父曰孝、事兄曰弟、使下曰慈。孝弟慈，用以处理上中下的关系，此即教家之道也。家有上中下，国亦有上中下。家国虽别，上中下不二。故所以教家人者，亦所以教国人者也。故曰：孝者，所以事君也；弟者，所以事长也；慈者，所以使众也。此以教家者，推以治国也。

今夜先讲到这里，诸位有何体悟？

泉晨：今日一讲，正印证了之前我和家人的问题，很长时间苦恼，觉得自己做了很大努力和改变，却依然像在原地踏步。现在就明白了，修齐不能倒推，不是说修身了就一定可以齐家。那时候，总认为如果自己的境界有了提升，身边的一切都会不一样，结果狠狠受了伤，很灰心，就觉得自己一点长进都没有。现在看来，那时的我居然在以别人对待我的态度来衡量自己有没有长进，本末倒置了。

文莱：今夜讲习结束，诸位晚安。

第二十讲　未有先学后嫁娘

2020 年 11 月 20 日

文莱：诸位早安。煮茶焚香，稍等片刻。

昨夜，治国章开了个头，今日继续。

此身为患，执有此身，而外家国天下，则家国天下皆与此身为对，而为此身之所取，以满足此身之欲。此身与家国天下为二，故物之未格也。物格知至，则家国天下不外于吾身，家国天下事皆吾分内事也。

虽然家国天下不外于吾身，但物有本末，事有终始。欲治其国者，先齐其家。为什么呢？"其家不可教，而能教人者无之。"这句话不要读得太快，以免错失了重要信息。从这句话可知，《大学》所谓"治国"，乃教国人也。我们现在所谓的"治国"，乃是治国理政。何谓治理？在当今的话语体系下，可从治理体系和治理能力两个角度来看。治理体系，即是"在党领导下管理国家的制度体系，包括经济、政治、文化、社会、生态文明和党的建设等各领域体制机制、法律法规安排，也就是一整套紧密相连、相互协调的国家制度"。治理能力，即是"运用国家制度管理社会各方面事务的能力，包括改革发展稳定、内政外交国防、治党治国治军等各个方面"。[①] 如此之治国理政，乃是操作层面的事，与《大学》"教国"的目标尚有许多不同。欲治其国者，当然需要在较为合理的治理体系下，拥有超强的治理能力，推动国家的治理。但从《大学》的立场而言，仅此还不够理想，必须能教国人才行。

---

① 习近平．习近平谈治国理政［M］．北京：外文出版社，2014：91．

我曾经多次讲过，理想的治理，乃是社会有秩序，个体有修身的自觉。光是社会有秩序，这只是外在的和平，即便到了共产主义社会，我们的生命若得不到安顿，于我们个体而言，还如处在地狱一般。相反，即便社会生产力水平并不那么发达，国家依旧可以得到治理，个体生命依旧可以得到安顿，故"教"之义大矣。何谓教？《说文解字》曰："教者，上所施，下所效也。"上行下效，此所以教人也。

其家不可教，而能教人者无之。所谓"不可教"，乃是就原则而言，而非就事实而言。也就是说，其家不可教的，却用来教国人，这是痴人说梦。这里谈的是，那些在家里尚行不通的教化原则，是没有办法推以教国人的。换句话说，其家可教的，方有进一步推至国人的可能。国教本于家教，故君子不出家，而成教于国。

教家者，孝、弟、慈也。此处的弟，即是悌，事长之道也。作为子女，对父母当行孝道；作为兄弟，对兄长当行悌道；作为父母，对子女当行慈道。广而言之，在下位则曰孝悌；上位则曰慈，慈可以涵摄作为兄长的友道。在一个家庭乃至一个大家族里面，这三种角色实际上可以归于一身。对父母而言，我们即是子；对子女而言，我们即是父；对兄长而言，我们即是弟；对兄弟而言，我们即是兄。孝、弟、慈三者，即总括了教家之道。三者并非单向关系，而是双向的约束。也就是说，我们如何事亲，要知道我们有一天也要成为父母；我们如何使下，要设身处地想到，我就在下位。这样的话，子之孝，与父之慈，乃是将心比心的双向约束，而非单向的要求，故父子各得其所也。此处诸位可再回顾诚意章"为人君止于仁"一条。所以教家者即所以治国者，故孝者，所以事君也；弟者，所以事长也；慈者，所以使众也。处于一国，上中下的三位关系中，如何自处呢？我们如何事亲，即如何事君；如何事兄，即如何事长；如何使下，即如何使众。此家可教，而能教人者，理有必然，势所必至也。

为了说明国教本于家教，再引经证。

5.2　《康诰》曰："如保赤子。"心诚求之，虽不中，不远矣。未有学养子而后嫁者也。

文莱：孝、弟、慈三者，所以教家，亦所以教人也。在家所教的，是不孝、不弟、不慈，却说我"欲治其国"，孔子曰："吾谁欺？欺天乎？"

《康诰》曰："如保赤子。"《康诰》的背景诸位都清楚，是周公以文武之道教康叔治殷也。原文是说："若保赤子，惟民其康乂。"康乂者，《康诰》曰："古先哲王，用康保民。"又曰："无康好逸，乃其乂民。"康者，安也；乂者，治也。如何安治其民呢？若保赤子。赤子者，小子也。安治其民，要像爱护自家小孩子一样。

齐家与治国，当然有差别。但是，治国之道无他，齐其家也。以齐家之道推以治其国，则国治矣。治国，当然有许多专门的事务，譬如，政府管理、食货刑名，皆非家中所有。但是，具体的事情可以在具体的实践中讲求，并无难事。故曰心诚求之，虽不中，不远矣。中（读 zhòng）者有的放矢而中的也，表示成事。如果我们不是傻瓜，愿意下功夫，谦虚好学；那么，具体的知识才能皆可以在具体的实践中，想方设法而求得。譬如，大国总理并不一定是全才，他也有许多不懂的，但并不影响他做总理。若实践需要，可以通过各种方式去具体讲求某方面的知识，乃至聘请相关的专家。没有哪些领导是先学了"领导学"，再去做领导的。领导，皆是在领导实践中学会的。正如游泳，是在水里学会的一样。此之谓"未有学养子而后嫁者也"。

"未有学养子而后嫁"是一句玩笑话。哪个女人是学过如何养孩子，再去结婚的呢？哪个治国者，是先学过如何做国家领袖，再去治国的呢？欲治其国，先齐其家。其家可教之原则，方可推以治国，故君子不出家而成教于国也。

今日先到这里。诸位有何体悟？

泉晨：心中有所立，才有齐家之能、治国之力，万事万物都是在实践中成长，不是备全一切能力才开始着手，但前提是自己心中已有立身之本。以前总想尽善尽美，却心力不及，拖延不敢直面，其实是没有找到真正的问题，没有做到思修交尽、身心交养。

建新：牵出了公共管理一个争论许久的话题。1887 年伍德罗·威尔逊（Woodrow Wilson）提出了政治和行政二分，认为行政管理应该与政治行为分开，从而成为一种价值中立的治国机器。后面约翰逊·古德诺（Johnson Goodnow）对此理论作了丰富。再后来到德怀特·沃尔多（Dwight Waldo）时代，认为行政管理不可避免地要受政治影响，完全二分是不可能的；同时代的赫伯特·西蒙（Herbert Simon）认为二者是可分的，或至少可以对价值和事实进行二分。他们两人对此问题的分歧被称为"西沃之争"，是至今未明晰的。西方的国家治理理论把国民看作国家机器之零件，这种非人化的认知与所谓资本主义驱使的文明底色分不开。对生命的营养还是须从历史和文明传承中来，说回其"本"，则是中华文明自修其身，虽不免学习他国长处，但不可本末倒置。

文莱：建新以它山之石相较，诚能知本矣。

今日讲习结束，诸位早安。

第廿一讲　仁让戾贪机不远

2020 年 11 月 21 日

文莱：诸位早安。煮茶焚香，稍等片刻。

前几日在桐木岭，说完齐家章，并为治国章开了个头。

欲治其国者，先齐其家；欲齐其家者，先修其身。这并非是对事实的描述，而是对原则的坚守。治国而不知齐家者，多矣；齐家而不知修身者，亦多矣。但此种齐家、治国，非真"欲"也，私欲也。故"欲治其国""欲齐其家"之欲，乃是真诚的愿力。你若果真欲治其国，舍齐家可乎？你若真诚欲齐其家，舍修身可乎？

修身在正心诚意。但是能意诚心正而身修的君子，欲齐其家、治其国，齐家、治国的目标并非所有家人与国人皆能自诚其意。这并不是说，齐家治国可以不关心人之成德；只是说，如果指望所有人都能自诚其意而后家齐、国治，则家齐国治永无希望。故于家曰齐，于国曰治。齐者，不偏僻而平齐也。齐家者，身修而无辟，好而知其恶，恶而知其美，此即齐家之道也。治者，理也。治国，用今日的说法即是治国理政。但《大学》所谓治国，所重则在"教"之一字。教者，上所施而下所效也，简言之，则上行下效也。

治国要在教。为何要教呢？孔子曰："不教而杀谓之虐。"[①] 若国人因没有得到教化而犯罪，有司杀之，此亦虐政也。何人能教呢？意诚心正而身修家齐之君子，先觉者也。以何为教呢？其家不可教而能教人者，无之。教家

---

① ［宋］朱熹. 四书集注［M］. 王浩，整理. 南京：凤凰出版社，2005：212.

者，孝弟慈也；教国者，以国为家，而推孝弟慈于国也。如何施教呢？以身作则，以上帅下。孔子曰："躬自厚而薄责于人。"① 对自己严格要求，不对人求全责备，此教之所以为教也。

教以孝弟慈。此家之可教，而能教人者也。按理说，治国当有许多事，为何不谈诸事的处置之道，却重在社会关系上中下三位之安顿呢？处置诸事者，术也；各安其位者，道也。术者重事，道者重人。《大学》治国之道，要在得人也。有其人，则有其事；无其人，则无其事。故曰："未有学养子而后嫁者也。"近世以来之管理学，有以事为主者，此其小也；有以人为主者，此其大也。见事而不见人，所以刻薄而少恩也。管理学当目中有人，有其人，自有其事也。

以上，稍作回顾。今日在国宾府，我们继续治国章。

5.3　一家仁，一国兴仁；一家让，一国兴让；一人贪戾，一国作乱，其机如此。此谓一言偾事，一人定国。

文莱：大学之道，在明明德，在亲民，在止于至善。《大学》一书，乃生命的学问的纲要。此书所言之修齐治平，即是明明德于天下之事，非离明明德而别有所谓修齐治平也。自古以来，政客多矣，能诚"欲治其国"者，鲜矣。政客当国，非为治之也，或自觉或不自觉，其所谓治国实乃以国为一己之战场，有国为一己之战功，上下驰骋，耀武扬威，无非名利二字也。

苟能诚其欲，则家非国之本乎？不齐其家，其所谓"治国"，治谁家之国耶？诚欲齐其家，则身非家之本乎？不修其身，其所谓"齐家"，齐孰人之家耶？

一家仁，一国兴仁。此处所言之一家，即是欲治其国者之家也。用今日的说法，欲治其国者，即国之执政者也；执政者之家，其自然生命之家，为

① ［宋］朱熹. 四书集注［M］. 王浩，整理. 南京：凤凰出版社，2005：178.

其亲族，其政治生命之家，即其政党也。故一家仁，即其所在之政党，能全心全意为人民服务也；一国兴仁，则一国之人皆有志愿服务之公心也。此全面从严治党，此人此党堪当表率，而收以上帅下之效也。

先不做当下的推论，只就《大学》原文来看。

一家仁，一国兴仁。诚意章曰："为人君止于仁，为人臣止于敬；为人子止于孝，为人父止于慈。"治国章开头亦曰："君子不出家而成教于国。孝者，所以事君也；弟者，所以事长也；慈者，所以使众也。"国教本于家教，则人臣之敬，即人子之孝也；人君之仁，即人父之慈也。为人君，止于仁。故一家仁，一国兴仁，即人君以仁慈居家治国，其所以教家人者，即所以教国人，以身家垂范，故收一国兴仁之效也。

一家让，一国兴让。让者，谦也。谦者，地中有山，君子以裒多益寡，称物平施也。关于谦，在诚意章已经反复其言，此处不再赘述。简而言之，谦即是能下人，以容貌下人，此谦之小者；以好恶下人，此谦之大者也。好人之所好，恶人之所恶，以百姓心为心，此人君之谦让也。故一家让，一国兴让，即人君谦让，而收国人谦让之效也。

以上，是从仁让，正面讲教人之效；以下，再说反面教材。

一人贪戾，一国作乱。贪者，欲物，求多不知足也；戾者，曲也，字形如犬出户下，暴也。人君贪戾，则上行下效，一国作乱也。何以仁让皆就家言，而贪戾则曰一人？一人贪戾，则家不仁让，可知也；一家仁让，则其人仁让，亦可知也。故于家曰仁让，贪戾只说一人也。

一家仁，一国兴仁；一家让，一国兴让。昨日，我把这句话发到朋友圈，有一高校教中国哲学的博士看到后，给我留言，说："有国才有家。所以是否应该反过来说：'一国兴仁，一家才仁；一国兴让，一家才让。'"我清楚他的意思。他以为自己唱了反调，用所谓现代的理念，来反驳《大学》的治国之道。我回复："说得好！你说的就是这句话的意思。"学者故意唱反调，已经不是什么新鲜事。新文化运动、五四运动以来，知识界往往以反传统为能，实则多是望文生义，不求甚解。这位博士未能理解这句话的本意，暂且不说，实则其所谓的"国仁，家才仁"，也只是流于抽象的层面，与《大学》之教，差之远矣。王夫之说："害莫大于肤浅。"不知者无畏，此之谓也。

一家、一人，乃是就"欲治其国"者而言，从当时的语境来看，多是指人君，但又不只是在说人君。因为欲治其国者，人君只是在位者，其影响力大而已；不在其位的君子，亦有此欲，只不过其影响所及，不够大罢了。孔子言为政，曰："《书》云：'孝乎惟孝，友于兄弟，施于有政。'是亦为政，奚其为为政？"① 又曰："君子之德风，小人之德草，草上之风必偃。"② 孟子曰："夫君子所过者化，所存者神，上下与天地同流。"③ 则修身之君子，虽不在其位，亦能影响社会风气，觉民行道，此亦为政也，亦"一家仁，一国兴仁；一家让，一国兴让"也。若是贪戾之人，也会有其影响力，随其地位不同，其效验亦有大小，至于一国作乱，则其大者也。

由一人、一家，而至于一国；一国之或仁让，或作乱，其机在一人一家也。机者，端倪也。从"机"这个角度而言，还可进而言之，曰："一言偾事，一人定国。"偾者，败坏也。一言可以败事，故不可不慎，防微杜渐也；一人可以定国，故不可菲薄，任重道远也。

今日先讲到这里。诸位有何体悟？

草原：每个人不该因自己势单力薄，而放弃自己的美好追求、远大理想。即使最后难以实现，自己为之努力，无限逼近于目标，这个过程本身就是一种实现、一种提升、一种成功，因而内心充盈、高兴、幸福。修行的目标不外于过程，因而是一种"大学"。是否可以这样理解？

文莱：修齐治平，从其效验来看，会有迟速广狭，乃至成功或失败；但从根本上而言，修齐治平乃明明德于天下的次第，是吾之明德遍润于家国天下的广狭。这是吾性自足的，无待于人之知不知、见不见。故不怨天，不尤

---

① [宋] 朱熹. 四书集注 [M]. 王浩，整理. 南京：凤凰出版社，2005：61.
② [宋] 朱熹. 四书集注 [M]. 王浩，整理. 南京：凤凰出版社，2005：148.
③ [宋] 朱熹. 四书集注 [M]. 王浩，整理. 南京：凤凰出版社，2005：373.

人。得志，与民由之；不得志，独行其道。家国天下不外于吾身。成全自身，即是成全天下；自身沦丧，即是家国沦丧。

草原：所言极是。

江月：读后慎之又慎。己、家、国自是一体，无分内外。做好自己，便是对社会最好的贡献了。千万勿做贪戾之人，害人害己。

泉晨：只有于己身修，于人家齐，才可于国治，本末相较，承继有致，不可逆行。孝悌敬慈仁爱恭简，以身作则才能服人。

文莱：今日讲习结束，诸位早安。

第廿二讲　求人必自己躬藏

2020 年 11 月 22 日

文莱：诸位早安。煮茶焚香，稍等片刻。

昨日在国宾府，讲治国以教。在上者，或教之以仁让，或教之以贪戾；在下者，或效之以仁让，或效之以作乱。其机如此。见微知著，此谓一言偾事，一人定国。

有理政，有经证，有史证。今日在五角场，证之以史。

5.4　尧舜帅天下以仁，而民从之；桀纣帅天下以暴，而民从之。其所令反其所好，而民不从。是故君子有诸己而后求诸人，无诸己而后非诸人。所藏乎身不恕，而能喻诸人者，未之有也。故治国在齐其家。

文莱：前四章共 800 字，用时 18 天，转换三地：国宾府、洒金谷、桐木岭是也。在桐木岭说完齐家章，并为治国章开头；今日在五角场，继续谈治国。经由二十余日的茶会，《大学》的文法也就基本清楚了。先讲理，后引经，再证史：既理性，又感性；既严峻，又温情；既真实，又审美。真善美齐备，非大手笔不能造也。

与曾子的治国茶会，已经是第四场。第一场，54 字，言治国以教，国教本于家教；第二场，27 字，证以《康诰》，言所以教人者无他，如保赤子，推所以教家者而已；第三场，36 字，言教之效验，或仁让或作乱，其机在一言一人也。今日乃第四场，76 字，先证之以史，再揭示其旨。

治国以教，上行下效。尧舜帅天下以仁，而民从之，此仁让之效验也；桀纣帅天下以暴，而民从之，此贪戾之效验也。孔子曰："君子之德风，小人之德草，草上之风必偃。"草摇摆的方向，有待草上风；民间的风气，有待君子之德。何以故？此处的君子，不是就人格言，而是就地位言，即在上者也。在社会风气的形成过程中，上位者更有主动性也。

帅者，以上帅下也。人民之或仁或暴，上帅之也。在上者帅之以暴，而望民报之以仁，无所效也。何以故？其所令反其所好，而民不从。故治国之本，在修其身。其身不修，则帅天下开暴乱之端也。前段时期曝出，某镇一干部，在直播节目中接受采访，声称"刁民太多"，引发热议。此干部只知刁民太多，却不知刁民何以多，帅之者谁耶？是故君子有诸己而后求诸人，无诸己而后非诸人。

郑玄：君若好货，而禁民淫于财利，不能正也。"有于己"，谓有仁让也。"无于己"，谓无贪戾也。①

文莱：康成君所言甚是。欲治其国者，莫不望国之治也，然或帅以仁，或帅以暴，此欲之真伪可见也。故君子之治国，要义在教，上行下效也。有诸己者，仁也，善也；无诸己者，暴也，恶也。君子望民仁善，先当自己仁善；望无暴恶，先去己之暴恶。

草原：文莱君，老子的"上善若水"与这里的"以上帅下"，可否理解为是一致的？

文莱：老子的"上善若水"，是就谦德而言，故曰："水善利万物而不争，处众人之所恶，故几于道。"以此象征真人之德，后其身而身先，外其身而身存，以其无私，故能成其私。曾子的"以上帅下"，是就君德而言，故曰："君子不出家而成教于国。"两者的语境不同，上善若水，重在处下；以上帅下，重在居上。

草原：谢谢文莱君点拨。

---

① 转引自韩星.《大学》《中庸》解读［M］.北京：中国社会科学出版社，2018：11-12.

文莱：在《庄子·人间世》，颜回闻卫国暴政，故欲往卫国劝谏卫君。颜回自认为是从孔子之教，因为孔子讲过："治国去之，乱国就之，医门多疾。"但孔子却不以为然，告诫颜回："嘻！若殆往而刑耳！夫道不欲杂，杂则多，多则扰，扰则忧，忧而不救。古之至人，先存诸己而后存诸人。所存于己者未定，何暇至于暴人之所行！"① 庄子"先存诸己而后存诸人"，即本于曾子"有诸己而后求诸人，无诸己而后非诸人"也。明末觉浪道盛禅师曰，庄子为孔子之嫡传，盖有以也。②

为何桀纣帅天下以暴，而不能指望人民报之以仁呢？所藏乎身不恕，而能喻诸人者，未之有也。恕者，如心，推己及人也。己欲立而不欲人之立，己欲达而不欲人之达，此不如心也。所藏乎身不恕，即其所令反其所好，故不能喻诸人，即民不从也。喻者，晓也，明白也。

至此，下一结语：故治国在齐其家。而家齐在身修。所谓身修，即修其家国天下之身也，家国天下不外于吾身，此之谓身修，而外家国天下而执此身，此乃物之不格，人我对立也。

后世之欲治其国者，懒于齐家修身，其所谓治国，正所以乱国也。君子不知修身，妄谈治国，是以尧舜之治，不见于后世；三代之隆，徒见于以往也。

今日讲到这里。诸位有何体悟？

江月：感觉"领导"真是一个任重道远的身份。当自己还未修身成仁，当谨慎自己的言行，千万别自以为是地去"教导"别人。尤其是上位者，更要有大格局，有诸己而后求诸人。能修身者，自能成为身边的模范，感召家人与社会，上行下效。

文莱：今日讲习结束，诸位早安。

---

① 参见崔树芝．《庄子》讲习录［M］．贵阳：贵州人民出版社，2022：147-150.
② 明末觉浪道盛禅师有"托孤说"，认为庄子乃孔子之嫡传，参见谢明阳．明遗民的庄子定位［M］．台北：台湾大学出版委员会，2001：145-196.

第廿三讲　回文经史意无尽

2020 年 11 月 23 日

文莱：诸位晚上好。煮茶焚香，稍等片刻。

早上八点要集合，八点前要吃早餐，昨日凌晨的茶会显得非常仓促。山河茶会一般三小时左右，为了保障充足的时间，今日的茶会安排到晚上。

与曾子的治国茶会，四天前于桐木岭开启，今日在五角场，就进入尾声了。治国之要，在一教字。教之本意，乃上所施而下所效也。桀纣未尝不愿国治也，但以贪戾治国，故民效之以暴，汤武革命由以兴也。故诚欲治其国者，当知治乱之机，在一言一人也。

有诸己而后求诸人，无诸己而后非诸人。此之谓知本，成己所以成物，度己所以度人也。未有诸己而亟求诸人，未无诸己而亟非诸人，其所谓治国，正所以乱国也。子使漆雕开仕，对曰："吾斯之未能信。"子说。①漆雕开不亟求仕，可见其乃负责任之政治家，故孔子心满意足。子曰："不患无位，患所以立。"②此之谓也。后世有人批评儒家，说儒家一心想做官，如此度君子之腹，岂能得其情哉！子路使子羔为费宰，子曰："贼夫人之子。"子路曰："有民人焉，有社稷焉，何必读书，然后为学？"子曰："是故恶夫佞者！"③子路举荐子羔做费宰，孔子说："你这是害了人家子羔。"为什么呢？道理和上面是一样的，子羔年幼，尚无实学，你让他做官，他应付不来不

---

① ［宋］朱熹．四书集注［M］．王浩，整理．南京：凤凰出版社，2005：80.
② ［宋］朱熹．四书集注［M］．王浩，整理．南京：凤凰出版社，2005：75.
③ ［宋］朱熹．四书集注［M］．王浩，整理．南京：凤凰出版社，2005：138.

说，反倒沾染一身欲望习气。子路争辩道："治民祭祀也可以学习，何必要读书才行呢？"孔子说："你这是狡辩！"

治国以教，上行下效。教人之前提，在足堪师表。故有诸己、无诸己，躬自厚也；求诸人、非诸人，薄责于人也。见家国天下之民身陷苦难之中，吾未尝不愿救度也。但吾人智慧不足，贸贸然救之，未能救人，苦难愈深矣。何以故？吾人之救度，乃是居高临下之骄慢，而非同情理解之悲悯也。孟子曰："人之患，在好为人师。"① 诚欲教人者，岂不慎耶！马一浮奉行古法，礼闻来学，不闻往教，虽为挺立起师道尊严，亦不妨说是不好为人师也。山河茶会，不广为讲说，惟待来者，意即在此也。

经由理证、经证与史证，治国在齐其家，已经说得很清楚了。接下来，再证之以经，美其义理。孔子曰："言之无文，行而不远。"② 古人落笔成文，故能传之久远也。

5.5　《诗》云："桃之夭夭，其叶蓁蓁，之子于归，宜其家人。"宜其家人，而后可以教国人。《诗》云："宜兄宜弟。"宜兄宜弟，而后可以教国人。《诗》云："其仪不忒，正是四国。"其为父子兄弟足法，而后民法之也。此谓治国在齐其家。

文莱：引经是为了义理的表达，故经文本身的意义并不重要，要在此处的转化。子曰："不学诗，无以言。"③ 所引三条，皆来自《诗经》，我们逐条来看。

第一条，来自《周南·桃夭》。夭夭者，少壮也。桃之夭夭者，桃子初熟而可观，喻待嫁之少女也。蓁蓁者，叶茂也；于归者，出嫁也。此诗用于

① ［宋］朱熹. 四书集注［M］. 王浩，整理. 南京：凤凰出版社，2005：304.
② ［春秋］孔子，左丘明. 春秋左传通释［M］. 贾太宏，译注. 北京：西苑出版社，2016：688.
③ ［宋］朱熹. 四书集注［M］. 王浩，整理. 南京：凤凰出版社，2005：189.

婚庆，原意是喻少女貌美德淑，必能和顺夫家也。用在此处，表达"宜其家人，而后可以教国人"。

第二条，来自《小雅·蓼（读 lù）萧》。原诗曰："蓼彼萧斯，零露泥泥。既见君子，孔燕岂弟。宜兄宜弟，令德寿岂。"蓼者，高大也；萧者，艾蒿也；泥泥者，零露之浓也；孔者，大也，非常也；燕者，安乐也；岂弟者，通恺悌，和乐平易也；令者，美好也；岂者，乐也。此诗为祝颂诗，为国家典礼上的雅乐，颂天子之德也。用在此处，表达"宜兄宜弟，而后可以教国人"。

第三条，来自《曹风·鸤（读 shī）鸠》。原诗为："鸤鸠在桑，其子在棘。淑人君子，其仪不忒。其仪不忒，正是四国。"鸤鸠者，布谷鸟也，此鸟无偏私，喻君子之德也。忒（读 tè）者，差错也。

第一、二条所引，宜其家人、兄弟，是就家教而言。要表达的是，其家不可教而可教人者，无之。反过来说，其家可教，而后可以教国人。

第三条所引，正是四国，乃就国教而言。国教本于家教，故第三条是顺着第一、二条而言，所以教家者，即所以教国者也。欲治其国，先齐其家。其为父母兄弟足法，而后民法之。所以能正是四国，即在于能宜其家人、兄弟也。故君子不出家而成教于国也。

曾子证之于经，实际上是回溯历史的河流，身临其境，去感知真理的力量。桃之夭夭、蓼彼萧斯、鸤鸠在桑，或在江湖，或在庙堂，抽象的义理呈现为具体的画面，此古文之魅力，古德之善言也。

至此，治国章终。诸位有何体悟？

泉晨：齐其家方可以以齐家之教而教国人，由是先齐家而后治国。遵从格物以致知，知至乃意诚；诚意则正心，心正而身修。以修身之教齐其家者，德熏而行修；以齐家之教而治国者，则化育百家。

文莱：以修身之教齐其家者，德熏而行修；以齐家之教而治国者，则化育百家。这句话改一下，不通，前面说得挺好。山河讲义理，要一字不差。

泉晨：想表达以修身的方法来齐家，可以树立榜样的力量，影响身边的家人，以齐家（孝、悌、慈、仁）的方法来治国，可以化育百姓。语言能力有限，仍然表达不至。觉得这么顺其自然水到渠成的步骤，我却表达不出来……

文莱：齐其家，方可以教家者教人，由是先齐家而后治国。格物以致知，知至而意诚；诚意而正心，心正则身修。以修身之道齐家，其家可教；以齐家之教治国，其民可化。第一句话，"可以以"，多了一个"以"字；第二句话，"知至乃意诚"，不存在因果关系。知至未必意诚，所以才要做诚意的工夫。

泉晨：齐其家方可以齐家之教而教人，由是先齐家而后治国。格物以致知，知至而意诚；诚意乃正心，心正则身修。以修身之道齐家，言传身教，家人德勋行著；以齐家之教治国，化育百姓，以达治国之效。

修修改改，还是不如文莱君的表意精练准确。

文莱：修身未必能齐家，也未必能使家人自诚其意。家人是否自诚其意，有许多因缘，是不能勉强的。家人是否能入德，不是必然的，不能指望你修身了，家人一定能自诚其意，这是不切实际的目标。齐家只说一个齐，没有说治，齐家的目标设定，绝不是家人都自诚其意，而是平齐不偏。这个问题，是逻辑学上必要条件与充分条件的差别。

泉晨：越来越觉得，古人学问严谨得一丝不苟，我要更沉下心。

文莱：王师有言："多一字不得，少一字不得。"王师亲做示范，曾给我看他为师姐要出版的书写的序言，翻来覆去修改。我看后，给他提了看法，他又根据我说的，重加修订。《〈庄子〉讲习录》的序言，他前前后后改了半个月，一个字一个字地考究。言传身教，感人至深。

泉晨：我也需要这样的历练，感悟和表达文莱君所说文字中的般若。

文莱：今日讲习结束，诸位晚安。

第六篇

06

释平天下

第廿四讲　天下家国本一章

2020 年 11 月 24 日

文莱：诸位早安。煮茶焚香，稍等片刻。

今天开始，我们进入最后的天下章。

《大学》要言不烦，结构为"一总五别"。首章为总说，共 215 字；其余为别说，诚意章 417 字，修身章 72 字，齐家章 96 字，治国章 271 字，别说至此共 856 字。前五章加起来，共 1071 字，而以诚意章为最。

阳明：大学之要，诚意而已矣。①

文莱：诚如阳明先生所言，故诚意章着墨最多。大学之道有完整的义理系统，每一步都不是随便说的。诚意为修行的初步，所以会引发这一步，乃是吾人实有存在之感受，不安于生命之陷溺，而求生命之学问，格物以致知。

格物致知，非朱子所言之即物穷理，推致知识也；亦非阳明所言之为善去恶，推致良知也。格物者，来物也，庄子所谓"天地与我并生，而万物与我为一"② 也；致知者，极其所知，实穷知见德也。格物即是致知，物格知至，则此知不落于有限之相对，而至于未始有物之无待也。于是，心物之间隔消，人我之对立泯矣。

物格知至，则可不执此身为我，此身不足以为患也。家国天下不外于吾

---

① ［明］王守仁. 王阳明全集 ［M］. 吴光，钱明，董平，等编. 上海：上海古籍出版社，2012：984.

② 参见崔树芝. 《庄子》讲习录 ［M］. 贵阳：贵州人民出版社，2022：89.

身，则家事国事天下事，皆吾分内事也。此身不足为患，而终于为患者，何耶？无始以来，染法日熏，未尝一日止也。故物格知至，知虽及之，而仁不能守也。但既已知至，即如暗夜中亮起明灯，迷途知返，必能于正道中，一日千里也。此即自诚其意，修齐治平也。

知至未必意诚，意诚自然心正，而后身修、家齐、国治，可拾级而上也。自诚其意而身修，既已修身之君子，于家能齐，于国能治，其所谓齐、治者，即亲民之实事也。非必令家国之民皆自诚其意，方谓之齐家、治国，此求之在人，不可必也。齐家、治国，有诸己而后求诸人，无诸己而后非诸人。有诸己、无诸己，此求之在我，求则得之，舍则失之，是有必然性的；求诸人、非诸人，此求之在人，虽有宏愿，求不必得，是没有必然性的。

应宾：有诸己、无诸己，格致诚正之真修；求诸人、非诸人，齐治均平之应迹。①

文莱：三一先生所言甚是，是故庄子曰："是其尘垢秕糠，将犹陶铸尧舜者也，孰肯以物为事？"子曰："巍巍乎！舜禹之有天下也，而不与焉。"程明道曰："太山为高矣，然太山顶上已不属太山。虽尧舜之事，亦只是如太虚中一点浮云过目。"② 你若只盯着尧舜成就的事业看，也只是看个热闹而已。尧舜之事，无非尧舜之德的应迹。但有尧舜之德者，未必有尧舜之事，而其明德未尝不明于天下也。应迹不可必，此有命存焉。故孔子曰："不知命，无以为君子也。"③

物有本末，本末皆一物也；事有终始，始终皆一事也。修身为本，齐治均平，皆君子分内事也。既已齐家、治国，现在正式谈平天下。

① ［明］吴应宾.宗一圣论　古本大学释论［M］.张昭炜，整理.上海：复旦大学出版社，2019：189.

② ［宋］朱熹.四书集注［M］.王浩，整理.南京：凤凰出版社，2005：213.

③ 关于尧舜事业之讨论，可参见崔树芝.《庄子》讲习录［M］.贵阳：贵州人民出版社，2022：37.

6.1 所谓平天下在治其国者：上老老而民兴孝；上长长而民兴弟；上恤孤而民不倍；是以君子有絜矩之道也。

文莱：没有专门的一事叫平天下，平天下在治其国；也没有专门的一事叫治国，治国在齐其家。故治国章曰："未有学养子而后嫁者也。"平天下之道即在治国、齐家之中，而治国、齐家之道，修身而已矣。

身之所处为家，则国亦家，天下亦家也。故张载曰："民吾同胞，物吾与也。"以天下为家，犹未至也，不若以天下为身。故约翰·多恩诗曰："任何人的死亡，都是我的消逝。"此乃格物之极，致其知矣。

吾心之大，本无限隔，无所不包。王阳明曰："岂惟大人，虽小人之心亦莫不然，彼顾自小之耳。是故见孺子之入井，而必有怵惕恻隐之心焉，是其仁之与孺子为一体也；孺子犹同类也，见鸟兽之哀鸣觳觫，而必有不忍之心，是其仁之与鸟兽而为一体也；鸟兽犹有知觉者也，见草木之摧折而必有悯恤之心焉，是其仁之与草木为一体也；草木犹有生意者也，见瓦石之毁坏而必有顾惜之心焉，是其仁之与瓦石为一体也。"[1] 吾心为然，他心亦然。能推心置腹，将心比心，则开平天下之端也。

欲明明德于天下者，先治其国；欲治其国者，先齐其家。上老老而民兴孝；上长长而民兴弟；上恤孤而民不倍。此即欲明明德于天下的君子，不出家而成教于国，国治而天下平也。老老者，孝也，老吾老以及人之老也；长长者，悌也，长吾长以及人之长也；恤孤者，慈也。不曰幼吾幼以及人之幼，而曰恤孤，因为此处谈平天下，故推治国使众之慈于天下也。

孝、弟、慈者，所以教家，亦所以教人，亦所以教天下也。以上帅下，上行下效，平天下基于人我之所同然，故民易从，天下易平矣。此即君子之絜矩之道。絜者，度量也；矩者，所以为方也。尽己曰忠，推己及人，故不言而为天下效也。

---

① ［明］王守仁. 王阳明全集［M］. 吴光，钱明，董平，等编. 上海：上海古籍出版社，2012：798−799.

至于何为絜矩之道，明日继续分解。诸位有何体悟？

江月：特别喜欢"有诸己、无诸己，格致诚正之真修；求诸人、非诸人，齐治均平之应迹"这句。平者，推心置腹，消除物隔，天地一矣。真是醍醐灌顶的一讲。尤其对于自己，所谓放大自己的格局，重要的就是这个"平"字。

文莱：今日讲习结束，诸位早安。

第廿五讲　左右将心同此理

2020 年 11 月 25 日

文莱：诸位早安。煮茶焚香，稍等片刻。

经由前六章 1071 字，昨日终于走到平天下。今日在五角场，继续絜矩之道。

6.2　所恶于上，毋以使下；所恶于下，毋以事上；所恶于前，毋以先后；所恶于后，毋以从前；所恶于右，毋以交于左；所恶于左，毋以交于右：此之谓絜矩之道。

文莱：我们读《大学》，要能体贴曾子的语言风格。每天与曾子的茶会前，我都要细数每条有多少字。昨天那条，41 字；今天这条，57 字。每条字数有限，但要表达的义理，并无阙漏。各条之间，又有着紧密的联系。凡是有下笔作文经验的，应该都很清楚，语言的通畅，体现思维的清晰，而思维的清晰，则体现出心灵的澄澈。我们即要从如此通畅清晰的文字，走进曾子澄澈的心灵。

昨天说到，欲明明德于天下，君子有絜矩之道。何谓絜矩之道？今天即要细致说明。平天下有许多事，若只从事上来看，真是千头万绪，无所适从。但还是有人能平天下，孔子曰："大哉，尧之为君也！巍巍乎，唯天为大，唯尧则之。荡荡乎，民无能名焉。巍巍乎其有成功也，焕乎其有文章。"① 又曰："巍巍乎，舜禹之有天下也，而不与焉!"② 又曰："无为而治者，其舜也与？夫何为哉？恭己正南面而已矣。"③ 尧之则天，天在上，何为哉？子曰："天何言哉？四时行焉，百物生焉。"④ 老子曰："天地不仁，以万物为刍狗；圣人不仁，以百姓为刍狗。"⑤ 舜禹之有天下而不与，与者，占有也。尧舜诸君，垂拱而天下治，平天下如斯之易也。何以故？君子有絜矩之道也。

人之所处有六方，上下、前后、左右也。各个方位，皆有其恰当的德性。故子曰："于止，知其所止，可以人而不如鸟乎？"人于各个方位，该当止于何种德性呢？

所恶于上，毋以使下；所恶于下，毋以事上。此上下位之止也。我们在下位时，最厌恶上位者什么，当我们在上位时，即要果断去除；我们在上位时，最厌恶下位者什么，当我们在下位时，亦当果断避免。由此，即可得出大家皆能满意的答案：为人君止于仁，为人臣止于敬；为人子止于孝，为人父止于慈。孝者，所以事君也；慈者，所以使众也。君子不出家而成教于国，君子不出家亦成教于天下，平天下之道，如斯其易也!

同样，前后、左右，亦复如是。前后者，兄弟关系也。为人兄止于友，为人弟止于恭；左右者，与朋友或他人关系也，与国人交止于信。

所有的社会关系，可总摄于此六位。那么，有没有遗漏呢？譬如在过去时代，常说某人是一人之下，万人之上，"一人"当然就是天子了，天子是有下无上吗？非也。天子之上，天也。天者，无极之辞，万物之主也。如何事天？天子担心上天降下雷霆，则勿无常于下也；厌恶国人贪戾作乱，则勿胡作非为也。天虽不言，天下滔滔者皆是也；虽无视听，天视自我民视，天听自我民听也。故于人间最上位，天子当以百姓心为心也。

---

① [宋] 朱熹. 四书集注 [M]. 王浩，整理. 南京：凤凰出版社，2005：114.
② [宋] 朱熹. 四书集注 [M]. 王浩，整理. 南京：凤凰出版社，2005：114.
③ [宋] 朱熹. 四书集注 [M]. 王浩，整理. 南京：凤凰出版社，2005：175.
④ [宋] 朱熹. 四书集注 [M]. 王浩，整理. 南京：凤凰出版社，2005：195.
⑤ 参见崔树芝.《道德经》讲习录 [M]. 香港：晓熙国际有限公司，2018：17.

以上，即是絜矩之道。简而言之，将心比心，以简驭繁，以逸待劳，天下易平也。故曰，絜矩之道，易简之道也。《周易·系辞》曰："乾以易知，坤以简能；易则易知，简则易从；易知则有亲，易从则有功；有亲则可久，有功则可大；可久则贤人之德，可大则贤人之业。易简而天下之理得矣。天下之理得，而成位乎其中矣。"上下、前后、左右，人之所处也，可上可下、可前可后、可左可右，何以能此？盖居其中也。故易简之道，无偏无倚，中道也。中道者，无此身之患，自诚其意而已矣。

6.3　《诗》云："乐只君子，民之父母。"民之所好好之，民之所恶恶之，此之谓民之父母。

文莱：为了说明絜矩之道，既已理证，再以经证。此处所引，出自《小雅·南山有台》。此诗本为祝颂诗，原句为："南山有杞，北山有李。乐只君子，民之父母。乐只君子，德音不已。"此处提取其中"乐只君子，民之父母"，来具体化絜矩之道。什么叫民之父母呢？我们先来看何谓父母。人之父母，让子女得其所好；故民之父母，以百姓心为心。民之所好好之，民之所恶恶之，此即民之父母也。用民之父母来讲絜矩之道，非常生动。人同此心，心同此理，此道理即为忠恕之道。此道实际上是东西方共同承认的处事原则，甚至被认为是孔子之道的根本原则。

孔子：参乎！吾道一以贯之。

曾子：唯。

文莱：曾子老兄，你说一字"唯"，意思是你明白了。你能说说孔子的一贯之道是什么吗？

曾子：夫子之道，忠恕而已矣。

朱子：尽己曰忠，推己及人曰恕。①

---

① 此处孔子与曾子的对话出自《论语·里仁》，朱子对忠恕之道的解释，参见［宋］朱熹. 四书集注［M］. 王浩，整理. 南京：凤凰出版社，2005：76.

文莱：感谢朱子出来解释。尽己者，己欲立而立人，己欲达而达人也；推己及人者，己所不欲，勿施于人也。这在西方文化中，也被公认为处理人际关系的"黄金法则"。

由此可见，絜矩之道，中道也，忠恕而已矣。民之所好好之，民之所恶恶之，此以好恶下人，自谦之道也。自谦者，慎独而已矣。慎独者，诚意而已矣。大学之道，诚意贯穿始终，絜矩之道，亦贯穿始终也。

今日先讲到这里。诸位有何体悟？

江月：絜矩之道，爱人如己，了无私念。我觉得最重要的是能自谦，忠于自己，恕以待人。大多时候，我们总是标榜自己的道德标准，随意批判周遭，却从未换位思考别人当时的处境。现在想想真的很惭愧。

文莱：今日讲习结束，诸位早安。

第廿六讲　慎德人土财用长

2020 年 11 月 26 日

文莱：诸位晚上好。煮茶焚香，稍等片刻。

昨日以民之父母，说絜矩之道。何谓民之父母？民之所好好之，民之所恶恶之。何以能此？即在欲明明德于天下之君子，廓然大公，以百姓心为心，而无一毫私意于天下也。

所谓"絜矩"，絜者，度也；矩者，所以为方也；絜矩者，以矩度物也。简而言之，将心比心也。作为方法而言，这并非难事，可为何我们却往往做不到呢？即在于此矩不成其为矩也。何以此矩不成其为矩呢？自欺也，故不能如恶恶臭、如好好色，而与民之好恶相左也。进一步问，为何自欺呢？或自觉或不自觉。不自觉者，陷于此身而外家国天下也，则家国天下皆为此身之所取，以供一己之私欲；自觉者，已觉此身不外于家国天下，但积习已深，未能诚意而自解免也。

由此可见，所絜的矩，即是所慎的独，絜矩之道，亦即诚意慎独也。那么，君子有絜矩之道，平天下则能慎始善终。

6.4 《诗》云："节彼南山，维石岩岩，赫赫师尹，民具尔瞻。"有国者不可以不慎，辟则为天下僇矣。《诗》云："殷之未丧师，克配上帝，仪监于殷，峻命不易。"道得众则得国，失众则失国。

文莱：昨日开始经证，今日继续。这里的两条分别来自《小雅·节南山》和《大雅·文王》。

节彼南山，维石岩岩，赫赫师尹，民具尔瞻。节者，截然高大貌也；岩岩者，高严也；赫赫者，显著盛大也。师尹者，郑玄注曰"天子之大臣，为政者也"①，朱子注曰"周太师尹氏也"②，具，通"俱"。此诗原意是说，执政大臣如高峻南山之石，人民都在看着你。用在此处，告诫有国者不可以不慎，恰如诚意章，曾子曰："十目所视，十手所指，其严乎!"

有国者不可以不慎。慎什么？慎独也。若不慎会如何？不慎即辟，辟则此身不修而为患，故家不能齐、国不能治，非但不能平天下，反为天下僇矣。僇者，戮也。有国者能慎，故君子有絜矩之道；不慎则辟，则不能行絜矩之道。絜矩之道本非难事，慎与不慎而已矣。如何慎而天下平，如何辟为天下戮，再证之以经。

殷之未丧师，克配上帝。仪监于殷，峻命不易。殷代夏而兴，盖因桀不慎而丧师也。师者，众也。汤得天下，顺乎天而应乎人；纣王以前，历代殷王亦能慎而克配上帝。克者，能也；配者，对也；配上帝者，言其为天下君，而对乎上帝也。但纣王不慎，故辟为天下戮。仪监于殷，仪者，宜也；监者，鉴也，当以殷之兴衰为鉴，则能峻命不易，可使天命不移也。

此处引经是要说明：得众则得国，失众则失国。得失之际，即在慎与不慎耳。

于是，得出结论。

6.5　是故君子先慎乎德，有德此有人，有人此有土，有土此有财，有财此有用。

文莱：先慎乎德，德者，明德也；慎乎德，即诚意慎独，所以修身也。欲明明德于天下，修身为本也。子曰："学而时习之，不亦说乎？有朋自远

---

① 参见韩星．《大学》《中庸》解读［M］．北京：中国社会科学出版社，2018：14.
② ［宋］朱熹．四书集注［M］．王浩，整理．南京：凤凰出版社，2005：13.

方来，不亦乐乎？人不知而不愠，不亦君子乎？"① 慎德者，如切如磋、如琢如磨，即学而时习也。得人者，朋自远方也，学而时习之效验也。有德此有人，慎德则得众也；有人此有土，得众则得国也；有土此有财，故能生产财富也；有财此有用，故能分配财富也。如此之生产与分配，乃所以养民也。民之好恶，莫大于生死；养生送死，莫大于财用。同民好恶，善用其财，富而教之，天下平矣。

今夜讲到这里，诸位有何体悟？

泉晨：知道该怎么做，还远远不够，关键在于如何把握好度。心中要有个标尺，衡量真正的对错，深谙絜矩之道，慎始而善终。慎独修身，才能洞悉世人好恶，通达天下。

江月：读的时候，一直想到"我将无我"这句话。为政者若能达"无我"之德，民心必感之，天下必平之。

文莱：今日讲习结束，诸位晚安。

① ［宋］朱熹. 四书集注［M］. 王浩，整理. 南京：凤凰出版社，2005：48.

第廿七讲　聚财民散终何益

2020 年 11 月 27 日

文莱：诸位早安。煮茶焚香，稍等片刻。

欲明明德于天下者，修身为本；欲修其身，诚意为先。所谓诚其意者，勿自欺也。如恶恶臭，如好好色，此之谓自谦，故君子必慎其独也。先慎乎德，而后得众得国，自此以后，则以理财为重。

此身所以为患，外天下而私其身也；此患所以得解，合天下身为己身也。故老子曰："及吾无身，吾有何患！故贵以身为天下，若可寄天下；爱以身为天下，若可托天下。"① 有天下者，若私其身，以为天下之财尽归于己，满足一己私欲，故辟而为天下戮也；平天下者，献出此身，以为天下非一人之天下，天下之天下也，故慎而可寄可托也。

梁惠王谓孟子曰："寡人有疾，寡人好色。"孟子曰："王诚好色，于王何有？"王曰："若之何？好色可以王？"孟子曰："大王好色。诗曰：'古公亶父，来朝走马，率西水浒，至于岐下。爰及姜女，聿来相宇。'大王爱厥妃，出入必与之偕。当是时，内无怨女，外无旷夫。王若好色，与百姓同之，民唯恐王之不好色也。"王曰："寡人有疾，寡人好勇。"孟子曰："王若好勇，于王何有？"王曰："若之何？好勇可以王？"孟子曰："诗曰：'王赫斯怒，爰整其旅，必按徂旅，以笃周佑，以对于天下。'此文王之勇也。文王一怒，而安天下之民。今王亦一怒，而安天下之民，民唯恐王之不好

---

① 参见崔树芝.《道德经》讲习录 [M]. 香港：晓熙国际有限公司，2018：39.

勇也。"①

梁惠王好色、好勇，此有身之患也，然孟子以为即此而可王天下，何谓也？惠王之好色、好勇，盖有此身也；民亦有此身，亦有此好，善推己之好，而与百姓同之，天下安矣。同此一身，既可殉一己之欲，亦可同天下之民。殉一己之欲者，独占其财而贪其利；同天下之民者，善理其财而利其民。独乐乐不如众乐乐，故孟子曰："乐民之乐者，民亦乐其乐；忧民之忧者，民亦忧其忧。乐以天下，忧以天下，然而不王者，未之有也。"②

君子有絜矩之道，以天下之财养天下之民，天下可平矣。但是，如太史公所言："天下熙熙，皆为利来；天下攘攘，皆为利往。"君子实际上是以理财为平天下的手段，如果天下之民一切向钱看，社会风气满是铜臭味，将为之奈何？故在上者，当以身作则，富而教之也。如何教呢？

6.6　德者本也，财者末也。外本内末，争民施夺。是故财聚则民散，财散则民聚。是故言悖而出者，亦悖而入；货悖而入者，亦悖而出。

文莱：欲明明德于天下者，先慎乎德，而后有人、有土、有财、有用。故德者，本也；财者，末也。君子并非为了财而经营，而财不可胜用也。有财，乃是有德之效验；理财，所以彰显此德也。

马克斯·韦伯（Max Weber）在《新教伦理与资本主义精神》一书中谈到，资本家追求财富，并非为了奢靡享受，而是以商业上的成功，证明自己为上帝所爱，因而更坚定信仰，创造更多财富，以有能力做上帝所爱之慈善事业。故而，生产经营活动，对资本家而言，乃是"天职使命"（Vocation Calling）。韦伯认为，这种精神唯有新教有。就企业家而言，如果没有更高的信仰，财富上的成功，最后将转为生活上的腐化，精神上的空虚，他的财富

---

① ［宋］朱熹. 四书集注［M］. 王浩，整理. 南京：凤凰出版社，2005：232.
② ［宋］朱熹. 四书集注［M］. 王浩，整理. 南京：凤凰出版社，2005：233.

最终也将保不住不说，反倒沾染一身恶习，精神先垮掉了。拥有财富的商业精英，挟财自重，也将影响整个社会，以财富的多少为评判成功与否的标准，天下交征利，道义不存，天下危矣。

待会要集合，早上先讲到这里。晚上继续。

江月：好。

【晚上十点半，文莱君结束一天的培训后，继续讲习】

文莱：诸位晚上好。

不因读经而废事，不因诸事而废经。我们夜里继续早上未尽的茶会。

韦伯认为儒家伦理没有超越性的追求，这是他对东方文化的无知，也是他的遗憾。德者本也，财者末也。依《大学》之教，财乃是德的延伸，理财乃是明明德于天下的手段。故而，追求财富，而财得其用，正所以实现吾之明德于天下也。从事实而言，没有德为基础的财富，也是不可持久的。作为企业家，抑或执政者，必须树立正确的财富观，以身垂范，以财利民，藏天下于天下，而后财不可胜用也。相反，若外本内末，缺德贪财，精英如此，人民效之，天下交争，矛盾激化，天下岂有宁日？

是故财聚则民散，财散则民聚。德本财末，财不为己有而以利民，故民服其教而聚也，此得众而得国也；外本内末，据财为己有而务劫民，故民叛其教而散也，此失众则失国也。欲明明德于天下之君子，理财以利民，故民感其德而不悖；不慎乎德而欲天下之平，贪财以私己，故民激其戾而叛矣。上行下效，可不慎耶？

是故言悖而出者，亦悖而入；货悖而入者，亦悖而出。言者，政令也。言作为政教之令的用法，多次出现在《道德经》中。如第二章，曰："行不言之教。"第二十三章，曰："希言自然。"第四十三章，曰："不言之教，无为之益，天下希及之。"悖者，逆也。言悖而出者，政令无道也；亦悖而入者，民议汹汹也。货悖而入者，无德求财也；亦悖而出者，民散失国也。

至此，平天下之道，理证结束。欲明明德于天下之君子，有絜矩之道，民之所好好之，民之所恶恶之，先慎乎德，而后能得众得国，理财济民。财散则民聚，故人土愈广，无远弗届，财不可胜用，天下之民皆得其养而服其教，天下平矣。

今夜讲到这里。诸位有何体悟？

江月：有财，德之效验；理财，彰显此德。对我们普通人而言，我觉得是要学会"让利于人"。能处处让利于人，人亦善待于我。这既是修德之果，也是处世之道。若人人能让利于人，何患无"财"。

文莱：今日讲习结束，诸位晚安。

第廿八讲　善恶得失命不常

2020 年 11 月 28 日

文莱：诸位早安。煮茶焚香，稍等片刻。

平天下在治其国，治国在齐其家，齐家在修其身。世人只以治平为大，而以修齐为小，乃至裂修齐治平为几截，是不知本矣。实则，治平为末，修齐为本。诚欲治国平天下，而疏于修身齐家，是以欲望当志气，乱天下者正是此人也。时无英雄，竖子成名！其所谓"欲"，无非自欺，亦所以欺人也。自欺欺人者，其功可久乎？《中庸》曰："不诚无物。"此之谓也。

君子有絜矩之道，好恶与民同体。慎乎其德，则近者悦，远者来；以财为用，则老者安，少者怀。如是而不王者，未之有也。

德本财末，乐善好施，所以聚人也。有人此有土，此得众得国也。无人何来国？故国以人为本也。人既来矣，无国可乎？国者，有组织之民众也。组织民众做什么呢？有土此有财，从事生产，创造财富也。创造财富做什么呢？有财此有用，仓廪实，府库充，既得其养，亦安其教也。

有德此有人，有人此有土，此德本之效验也；既已有土，则治国平天下，理财为先。管子曰："仓廪实而知礼节，衣食足而知荣辱。"马克思曰："经济基础决定上层建筑。"子适卫，冉有仆。子曰："庶矣哉！"冉有曰："既庶矣，又何加焉？"曰："富之。"曰："既富矣，又何加焉？"曰："教之。"① 庶之、富之、教之，此三步走，乃孔子治平之次第也。

---

① ［宋］朱熹 . 四书集注［M］. 王浩，整理 . 南京：凤凰出版社，2005：154.

政治家治国理政是如此，企业家经营之道亦复如是。有德方有人，有人方有事，有事方有财，有财方有用。德者本也，财者末也。说财为末，不是不重视生财，而是要搞清楚财意味着什么，而后源源不断地创造财富，实现自己以及企业的价值目标。而在此企业工作的员工，亦将以企业为重，因为在企业中可以实现他的生命价值。如此，这个企业将越做越大，人才不来这里，还去哪里呢？财富不集中到这里，还流向何处呢？因为这个财富的积累，非为一己之私，而能成全大众之福也。企业家能以此经营，构造商业伦理，改良社会风气，中国之市场经济，方能持久运行，助力民族复兴，人类大同也。

昨日说完理证，今日继续经证。

6.7　《康诰》曰："惟命不于常。"道善则得之，不善则失之矣。《楚书》曰："楚国无以为宝，惟善以为宝。"舅犯曰："亡人无以为宝，仁亲为宝。"

文莱：所引三处，逐条来看。

第一条引自《康诰》，原文曰："惟命不于常，汝念哉！无我殄享，明乃服命，高乃听，用康乂民。"命者，天命也。惟命不于常，故有国者不可不慎，此言"殷之未丧师，克配上帝。仪监于殷，峻命不易"也。天命无常，不会钟爱一家一姓，那么如何能得天命？善则得之，不善则失之。故《尚书》曰："皇天无亲，唯德是辅。"政权的合法性，在于统治者的德性。统治者不善，则人民有革命的自由，所谓汤武革命，顺乎天而应乎人也。是故君子先慎乎德，而后能保天命。

第二条引自《楚书》，即《国语·楚语》也。楚国无以为宝，惟善以为宝，并非引用原文，而是对《楚语》做了转化。当时的语境是，楚昭王派王孙圉使晋，赵简子问楚国珍宝几何，对曰："楚之所宝者，曰观射父，能作训比率，以行事于诸侯，使无以寡君为口实。又有左史倚相，能道训典，以

149

叙百物，以朝夕献善败于寡君，使寡君无忘先王之业；又能上下说于鬼神，顺道其欲恶，使神无有怨痛于楚国。"

第三条引自《礼记·檀弓下》。舅犯者，晋文公之舅也，字子犯，故称舅犯。亡人者，流亡之人也。当年晋国内乱，重耳（即后来之晋文公）出逃。晋献公受骊姬谗言，逼太子申生自缢而死，晋献公死后，秦穆公劝重耳复国，在归国路上，舅犯即以此话对重耳，告以仁亲为宝。仁亲者，郑玄注"犹言亲爱仁道也"①，朱子只注仁为爱②，则仁亲者，爱其亲也。

第一条讲善则得之，要在说明慎乎其德；第二条重说善以为宝，第三条又讲仁亲以为宝，重点则在慎乎德而善用人也。故而，第三条的仁亲，郑玄注不太合语境，当从朱子注。此处之亲，非亲人之谓也，亲其所贤也。诚意章曰："君子贤其贤而亲其亲，小人乐其乐而利其利。"

至于如何用人，明日继续分解。今日所讲，诸位有何体悟？

江月：所谓"得道多助，失道寡助"，仁善则得之，不善则失之。不仅是当权者，我们也当修德处世，努力成为一名仁者，敬人爱人，成人之美。

文莱：今日讲习结束，诸位早安。

① 转引自韩星.《大学》《中庸》解读［M］.北京：中国社会科学出版社，2018：15.

② ［宋］朱熹. 四书集注［M］. 王浩，整理. 南京：凤凰出版社，2005：13.

第廿九讲 忠信进贤其政举

2020 年 11 月 29 日

文莱：诸位晚上好。煮茶焚香，稍等片刻。

昨日在五角场，以经证德本财末。皇天无亲，惟德是辅。有德者不以财宝为宝，而以善为宝。楚国宝善人，亡人宝仁亲，此德之所在也。

早上从沪返贵，夜里在国宾府，我们继续看善宝到底何所似。

6.8 《秦誓》曰："若有一个臣，断断兮无他技，其心休休焉，其如有容焉。人之有技，若己有之；人之彦圣，其心好之，不啻若自其口出。寔能容之，以能保我子孙，黎民尚亦有利哉！人之有技，媢疾以恶之；人之彦圣，而违之俾不通。寔不能容，以不能保我子孙，黎民亦曰殆哉！"

文莱：此条引自《尚书·周书》，与原文稍有差异。秦穆公伐郑，为晋所败于殽，还誓其群臣，悔过求贤，故有此篇之作。

若有一个臣，此句在孔颖达正义本作"若有一介臣"，意思是耿介之臣。① 在《周书·秦誓》原本，亦作"若有一介臣"。但现在许多本子上，却作"一个臣"，不知改于何时。② 当然，"介"字亦有"个"的意思，改"介"为"个"，从理解上问题不大，但如果原文即是"一介臣"，后人不可

---

① 参见韩星.《大学》《中庸》解读［M］. 北京：中国社会科学出版社，2018：16.
② 朱熹集注本即作"一个臣"，但自注曰"《书》作介"，却并无更多解释。

妄改也。

若有这样一个臣（或耿介之臣），断断兮无他技。断断者，诚一之貌也。"兮"在《古文尚书》原作"猗"，可与"兮"通，表示助词或叹词。其心休休焉，其如有容焉。休休者，有容也。如此之一介臣，诚一而无他技，没有特别的才艺技能，但是休休有容。

这样一介臣，人之有技，若己有之，别人有技能，就像自己有一样；人之彦圣，其心好之，别人才彦德圣，发自内心的喜欢，绝不吝啬自己的赞美。不啻若自其口出，不只是说说而已。此一介臣何以能此呢？在于他没有人、我的分别，故功成不必在我也。每个人的精力有限，能力有偏，我们不能做任何事，但相互配合起来，则能如孙行者一般，拔一猴毛而成千万亿个我，故一即一切，一切即一也。

"寔能容之，以能保我子孙，黎民尚亦有利哉"寔，通"实"。孔颖达解曰："若能好贤如此，是能有所包容，则我国家得安，保我后世子孙。黎，众也。尚，庶几也。非直子孙安，其下众人皆庶几亦望有利益哉也。"[1] 按照这种解释，寔能容之，讲的是此一介臣能容人。但是也可以说成是，此一介臣，当得任用。为什么呢？"以能保我子孙，黎民尚亦有利哉"这句话的句读，往往读作"以能保我子孙黎民，尚亦有利哉"，按照此处的语脉，我把逗号移至"子孙"后。[2] 也就是说，此一介断断无他技、休休如有容的臣，可以为宝，是穆公所渴求的贤臣。

相反，如果人之有技，媢疾以恶之；人之彦圣，而违之俾不通，这样的人没有度量，是不可以任用的。媢者，妒也；媢疾者，嫉妒也。别人有技能，就嫉妒而排挤；别人才彦德圣，就使坏让他办不成事。寔不能容，他不能容人，此人是不能被任用的。为什么呢？"以不能保我子孙，黎民亦曰殆哉"，这样的人不能保我子孙社稷，也会殃及黎民百姓。

---

① 转引自韩星.《大学》《中庸》解读［M］.北京：中国社会科学出版社，2018：16.
② 按照孔颖达的解释，当在"子孙"后加逗号，但韩星本抄录时却在"黎民"后断句，恐不妥。唐文治本即据郑注孔疏，在"子孙"处断句，参见唐文治. 大学大义 中庸大义［M］.崔燕南，整理. 上海：上海人民出版社，2018：50.

断断兮无他技，休休焉如有容。谁也不是全才，但是能虚心，能求贤若渴，则人之有技、人之彦圣，皆可为我所用。所谓"无他技"，也不是说什么都不会，而是他不执着于他的技，不以才自高。你若什么都会，或者恃才傲物，则为才所限，不能光大事业也。我们看到许多有成就的人，皆是"断断兮无他技"的，好像什么也不会，却无所不能，此庄子所谓"不材所以有材，无用所以大用"① 也。

引用《秦誓》，是要说什么呢？

6.9　唯仁人放流之，迸诸四夷，不与同中国。此谓唯仁人为能爱人，能恶人。

文莱：穆公誓词所言的两类臣，一能容，一不能容。能容者，爱之；不能容者，恶之。紧接着所引的《秦誓》，曰："唯仁人放流之，迸诸四夷，不与同中国。"唯有仁人能放流之，放流哪些人呢？即是那些不善者。放流到何处呢？迸诸四夷，不与同中国。迸者，逐也。此等媚嫉之人，蔽贤而害国，故驱逐之四夷，不与同在中国。

此谓唯仁人为能爱人，能恶人。仁人之好恶，不以私辟，而出于大公，故唯有仁人能爱人，能恶人也。放流不肖，是恶人也，亦所以爱人也。仁人之爱也，如春夏之生长；其恶也，如秋冬之肃杀。杀伐决断，仁人之不可失者也。

6.10　见贤而不能举，举而不能先，命也；见不善而不能退，退而不能速，过也。好人之所恶，恶人之所好，是谓拂人之性，菑必逮夫身。是故君子有大道，必忠信以得之，骄泰以失之。

文莱：仁者亦有好恶，好贤而恶不善也。见贤而不能举，举而不能先，

---

① 参见崔树芝.《庄子》讲习录［M］. 贵阳：贵州人民出版社，2022：183-187.

命也。此处之"命"，郑玄注曰"当作慢"，程子云"当作怠"，怠亦慢也。①见贤不举，举而不先，是怠于举人也。见不善而不能退，退而不能远，过也。诸葛孔明曰："亲贤臣，远小人，此先汉所以兴隆也；亲小人，远贤臣，此后汉所以倾颓也。"仁者之好恶，岂能不慎！

为何要慎其好恶呢？好人之所恶，恶人之所好，是谓拂人之性，菑必逮夫身。人之所恶者，小人也；人之所好者，贤臣也。小人者，聚财散民也；贤臣者，散财聚民也。好好色、恶恶臭，乃人之性也；今则好恶臭、恶好色，是谓拂人之性。拂者，逆也。人君不能正其好恶，菑必逮夫身。逮者，至也。

是故君子有大道，必忠信以得之，骄泰以失之。君子之大道，即絜矩之道也。忠信者，内忠于己，外信于人，如好好色，如恶恶臭，勿自欺欺人也；骄泰者，好人之所恶，恶人之所好，不自谦矣。故君子之道，诚中形外，此所谓絜矩，慎独，勿自欺、自谦，无非诚意也。

平天下有道，慎独絜矩，将心比心，虽断断无他技，然休休如有容，进贤退不肖，而后天下平矣。故君子之平天下也，先慎乎德，而为天下得人而已矣。既得其人，则可理财济民，进于礼义矣。

江月：在日常生活中，我们总说"见贤思齐"。但若碰见和自己一样的人，却有不一样的成就时，自己总会出现"争强好胜"之心，想着一定要超越别人。今天读了这一讲，觉得自己真是大错特错。谁也不是全才，即使自己没有过人的天赋与本事，但能出于公心，成就别人，也是一件很了不起的事。

文莱：今夜讲习结束，诸位晚安。

---

① ［宋］朱熹. 四书集注［M］. 王浩，整理. 南京：凤凰出版社，2005：13.

第三十讲　分明义利到羲皇

2020 年 11 月 30 日

文莱：诸位晚上好。煮茶焚香，稍等片刻。

整整一个月，与曾子的茶会，今夜在国宾府，就要结束了。

草原：今晚有幸与您共享曾子的智慧，暖暖的感觉。

文莱：《大学》一书，自程朱以来，选作"四书"之一，取得与经同等的地位。宋明新儒学，甚至可以说，就是"四书"学。而《大学》对于宋明以来中国人思想的建构力，可谓非同寻常。围绕格物致知、知行关系诸问题，不知打了多少笔墨官司。朱子临终前，犹在校对《大学》诚意章；至今风靡的阳明心学，其核心要义亦直接来自《大学》。朱子造"格物致知补传"，为后人所诟病。"无善无恶心之体，有善有恶意之动，知善知恶是良知，为善去恶是格物。"此王阳明四句教也，其自觉的对手即是朱子学。明清以来，两次西学东渐，为翻译西方的 Science，最初亦是比照《大学》，译作格致。由此可见，《大学》一书亦参与到近代中国人的思想建构。可以说，不读《大学》，将自绝于近千年中国人的思想世界也。

程朱有表彰《大学》之功，但他们对《大学》的阐释，以知识讲道德，章句支离，是以尚在门外也；王阳明遵古本，揭示致良知教，重新焕发古本微言，有正本清源之功，但不合原文语脉，是以虽在门内，犹未尽善也。朱子、阳明之徒子徒孙，各守师说，自不足道；其中俊秀者，大才如船山先生，亦创获无多。能入能出，惟三一、蕺山二先生，前者唱无我，后者和慎独，尚有可观也。

清入关以来，政治高压，学者自限于文字训诂，不敢驰骋于学问思辨，故《大学》精义无能理会者。清季以来，唐文治以"训诂、义理合一之旨"，跳出汉宋学术分立之藩篱，作《大学大义》，颇有诚挚爽朗气象。又有南怀瑾者，作《大学古本微言》，语虽平易，不够谨严，但会通华梵，功不可没。

今日之学者，惯于咬文嚼字。市面上各类解读多矣，叠床架屋，味同嚼蜡。《大学》问世近两千五百年，于思想界流行亦有千余年，或阴差阳错，或歪打正着，或因误解而流传，或因流传而误解，构成了颇具后现代的传播史话。

"我们注定相遇，久别已然重逢。"两千五百年后，诸圣往贤，穿越时空，不期然于此山河大地相聚，坦诚相见，以心证心。一个月以来，山河茶会，天马行空，其是耶，其非耶？茂陵刘郎曰："立而望之，偏何姗姗其来迟！"

最后一场茶会，让我们邀请诸友入座，听曾子畅所欲言吧。

6.11 生财有大道：生之者众，食之者寡；为之者疾，用之者舒；则财恒足矣。

文莱：《大学》原本共 1752 字，一总五别，共六章，而平天下一章即有 681 字，占全书近四成。其余各章，首章 215 字，第二诚意章 417 字，第三修身章 72 字，第四齐家章 96 字，第五治国章 271 字。平天下章占比最多，其次则是诚意章。欲明明德于天下，修身为本；欲修其身，诚意为先。天下者，至大无外之称也；平天下者，明明德而亲民之极致也；诚意者，修齐治平之实功也。

阳明：大学之要，诚意而已矣。

文莱：阳明先生所言，诚能得大学之旨也。

所谓平天下在治其国，诚欲平天下者，不治其国可乎？此一"欲"字，即本乎吾人良知之不昧也。张载曰："民吾同胞，物吾与也。"维摩诘曰："有情既病，我即随病。"此身不外于家国天下，则家国天下之痛苦，皆我之痛苦，此仁心之不容已也。此之谓格物致知，物格而后知至，故能诚其欲也。

张载：大君者，吾父母宗子；其大臣，宗子之家相也。尊高年，所以长其长；慈孤弱，所以幼其幼；圣，其合德；贤，其秀也。凡天下疲癃、残疾、惸独、鳏寡，皆吾兄弟之颠连而无告者也。①

阳明：可见人心与天地一体，故上下与天地同流。②

文莱：上老老而民兴孝；上长长而民兴弟；上恤孤而民不倍。孝悌慈三者，所以治国，亦所以齐家，此君子所絜之矩也。

孟子：人人亲其亲，长其长，而天下平。③

文莱：君子欲平天下，民之所好好之，民之所恶恶之。民之所好者，得财而以为孝悌慈之资也；民之所恶者，失财而无以尽孝悌慈之实也。故君子之平天下也，持絜矩之道，先慎乎德，而后为天下得人而理其财也。

得人有道，正其好恶而已矣。唯仁人，能爱人，能恶人。为君作宰者，不必自有其能也，但能行其好恶，故能断断无他技，休休如有容也。在任何组织中，作为领导者，必须要有"断断休休"的格局，组织成员方能有发挥才干的机会。领导者切忌自有其技，目中无人。不急于揽功，而勇于担过，此领导者之责也。故君子有大道，必忠信以得之，骄泰以失之。断断休休者，忠信之貌也；媢嫉而违者，骄泰之行也。

见贤而不能举，举而不能先，命也。昨日讲到，此"命"字，郑玄作"慢"，程子作"怠"，即是怠慢的意思。这样理解虽也可行，但没有尊重原文。实则，"命"字亦不必改。那么，见贤而不能举，举而不能先，此乃天命如此。什么意思呢？你见到贤人，他或者不愿从政，或有良木而栖，则不能举也；虽然最终能举，但总有相见恨晚之叹，故曰不能先也。天命如此，为之奈何！但是若见不善而不能退，退而不能远，则不是命的问题，那就是

① ［宋］张载. 张载集［M］. 章锡琛，点校. 北京：中华书局，1978：62.

② 参见崔树芝.《传习录》讲习录［M］. 香港：晓熙国际有限公司，2019：226.

③ ［宋］朱熹. 四书集注［M］. 王浩，整理. 南京：凤凰出版社，2005：300.

大错了。

人君既能正其好恶，则可以进一步谈理财之道矣。君子有大道，此絜矩之道也。生财亦有大道，即生众食寡，为疾用舒，则财恒足矣。

郑玄：是不务禄不肖，而勉民以农也。①

文莱：康成兄以为，生财者，农也；食财者，吃俸禄之官员也。传统中国，以农立国，故有此说也。

应宾：学以治生为急……无器而非道，无事而非理，无粗而非精，无小而非大，孰谓农工商贾之业而不足以辅修齐治平之德也耶？②

文莱：三一先生认为，农工商贾，皆是生财主力也。

许衡：为学者，治生最为先务。苟生理不足，则于为学之道有所妨，彼旁求妄进及作官嗜利者，亦窘于生理之所致也。……治生者，农工商贾。士君子当以务农为生，商贾虽为逐末，亦有可为者。果处之不失义理，或以姑济一时，亦无不可。

文莱：鲁斋兄（许衡，1209—1281，字仲平，号鲁斋，世称"鲁斋先生"，为元代大儒）也来啦！阳明先生意下如何？

阳明：许鲁斋谓儒者以治生为先之说，亦误人。③

文莱：阳明先生向来开明，此话怎讲？难道学者贫困，也不能去经商吗？

阳明：但言学者治生上，尽有工夫则可。若以治生为首务，使学者汲汲营利，断不可也。且天下首务，孰有急于讲学耶？虽治生亦是讲学中事。但不可以之为首务，徒启营利之心。果能于此处调停得心体无累，虽终日做买卖，不害其为圣为贤。何妨于学？学何贰于治生？④

---

① 参见韩星.《大学》《中庸》解读 [M]. 北京：中国社会科学出版社，2018：17.

② ［明］吴应宾. 宗一圣论 古本大学释论 [M]. 张昭炜，整理. 上海：复旦大学出版社，2019：219.

③ 参见崔树芝.《传习录》讲习录 [M]. 香港：晓熙国际有限公司，2019：60.

④ ［明］王守仁. 王阳明全集 [M]. 吴光，钱明，董平，等编. 上海：上海古籍出版社，2012：964.

文莱：原来阳明先生不是反对治生，而是不赞同以治生为首务呀。学者的首务在讲学成德，而讲学成德不是空头的，治生亦在其中，不可偏失。但若以治生为首务，则有诱人入利欲之途的危险。故而此处说，鲁斋以治生为先，容易误人。

文治：生之者众，谓士人讲求实学，农、工、商各尽其力也。①

文莱：如果信守德本财末之教，既已慎乎德，则治生为所急，农、工、商、贾皆为生财主力也。生之者众，此活跃市场主体也；食之者寡，此高效政府职能也。此能裁汰冗员，精简机构，提升治理效能也。为之者疾，用之者舒者，勤于生产，缓于消费，此能开源节流，量入为出也。此处的用，非民间消费，乃政府用度也。若在民间，生产与消费，乃相互促进者也。

生众食寡，为疾用舒，则财恒足。此生财之道也。所谓"财恒足"，所指乃是政府之财政充足也。为何会财恒足呢？有德此有人，有人此有土，有土此有财，有财此有用（德—人—土—财—用）。食寡用舒，正所以散财也。散财而财不可胜用，因为财散则民聚，故仁者可持续有人、有土、有财也。若因为食多用疾而聚财，按理财政应该会越来越多，可财聚则民散，德本财末的链条即断裂，此乃竭泽而渔，终至于无鱼也。

6.12　仁者以财发身，不仁者以身发财。

文莱：仁者信奉德本财末，故财乃是发身的手段，故财恒足矣。所谓"发身"，发者，起也；发身者，大身也。

应宾：一身之谓大身，大身之谓发身。故生财之道，散财之道也；散财之道，发身之道也。非仁者不能以财发身，非以财发身不足以谓之仁。②

① 唐文治.大学大义　中庸大义［M］.崔燕南，整理.上海：上海人民出版社，2018：54.
② ［明］吴应宾.宗一圣论　古本大学释论［M］.张昭炜，整理.上海：复旦大学出版社，2019：223-224.

文莱：三一先生所言甚是。大身者，大人也，以天地万物为一体者也。现在我们常常以"发财"为恭喜语。实则，以身发财，财即成为目的，而以身殉之也，此乃不仁者所为，外本内末，故争民施夺也。

朱子：仁者散财以得民，不仁者亡身以殖货。①

文莱：朱子此言得之。

6.13　未有上好仁而下不好义者也，未有好义其事不终者也，未有府库财非其财者也。

文莱：一家仁，一国兴仁；一家让，一国兴让。君子先慎乎德，帅天下以仁，故民感其德而好义也。此所谓有德此有人也。上好仁，故下好义；下好义，故事有终；事有终，故财恒足矣。此所谓有人此有土，有土此有财也。

未有府库财非其财者，何谓也？仁者以财发身，故财恒足，其府库财泉流不竭也。若不仁者以身发财，则流民盈野，揭竿而起，而劫夺其府库也。其府库财又安在哉？

6.14　孟献子曰："畜马乘，不察于鸡豚；伐冰之家，不畜牛羊；百乘之家，不畜聚敛之臣。与其有聚敛之臣，宁有盗臣。"此谓国不以利为利，以义为利也。

文莱：说完道理，最后证之以史，总结平天下之道。

郑玄：孟献子，鲁大夫仲孙蔑也。"畜马乘"，谓以士初试为大夫也。"伐冰之家"，卿大夫以上，丧祭用冰。"百乘之家"，有采地者也。鸡豚、牛羊，民之所畜养以为财利也。国家利义不利财，盗臣损财耳，聚敛之臣乃损义。

---

① ［宋］朱熹. 四书集注［M］. 王浩, 整理. 南京：凤凰出版社，2005：14.

《论语》曰："季氏富于周公，而求也为之聚敛，非吾徒也，小子鸣鼓而攻之可也。"①

文莱：感谢康成兄疏通文义。官员拿国家俸禄，不该与民夺利也。今天也常说，升官、发财两条道，不能既想要升官，还想着要发财。

孟子：劳心者治人，劳力者治于人；治于人者食人，治人者食于人。②

文莱：孟子此言，往往被不求甚解的人断章取义，今天我帮你澄清一下吧。劳心、劳力，职业分途也。治于人者，此生财之众也；治人者食（读sì）于人，拿着纳税人的俸禄，当为人民服务也。为何治人者，不能也去食人呢？盖升官、发财两条路，治人者不可与民争利也。治人者若也去治生，会出现什么问题呢？扰乱市场秩序也。

与其有聚敛之臣，宁有盗臣。聚敛之臣，务争民之利，夺其民以富其府库也；盗臣者，窃府库财为己有也。仁者与其有聚敛之臣，宁有盗臣，宁亡己之财，而不忍伤民也。

引用孟子的话，即为说明：国不以利为利，以义为利也。为什么呢？

6.15 长国家而务财用者，必自小人矣。彼为善之，小人之使为国家，菑害并至，虽有善者，亦无如之何矣。此谓国不以利为利，以义为利也。

文莱：长国家而务财用，此量出为入，外本内末，以身发财也。国库充盈，人民凋敝，必自小人矣。自者，由也。人君有聚敛之臣而不知退，彼为善之，你还要提拔他，让他为国家理财，天灾人祸不远矣。财聚则民散，民心已失，虽有贤臣，亦无可奈何也。

此谓国不以利为利，以义为利也。反复澄清德本财末的道理，以义为利者，以财发身也。自天子以至于庶人，壹是皆以修身为本。物有本末，事有

---

① 转引自韩星.《大学》《中庸》解读［M］. 北京：中国社会科学出版社，2018：18.
② ［宋］朱熹. 四书集注［M］. 王浩，整理. 南京：凤凰出版社，2005：276.

终始，知所先后，则近道矣。

　　至此，《大学》全书终。诸友当能知本矣。诸位有何体悟？

　　建新：知其雄，守其雌，为天下溪。

　　江月：我本一无所有，一切皆当赞颂。让利于人，人厚于我。能利于人，我亦厚矣。这里有大智慧，值得一生去实践。

　　文莱：今夜讲习结束，诸位晚安。明年再见！

后　记

　　山河大地的讲习起自 2017 年春，截止到 2022 年党的二十大召开前夕，共讲完十六部经典，讲习笔记累计近五百万言。关于山河大地讲习的缘起，最早在 2018 年港版《〈道德经〉讲习录》中已有交代，可港版书在内地难得一见，因此在 2022 年贵州人民出版社《〈庄子〉讲习录》的前言中又重作说明，这里就不再赘述了。在这部书稿行将交付之际，我本想写一篇自序，方便诸君走进这部讲习，但既有我的博导中国人民大学王鸿生教授赐序推介，又有第一讲作为引言，自序也就没有再写的必要了。而就古本《大学》本身的精神旨趣和义理结构而言，诸君亦可在正文中获取；这次也依《〈庄子〉讲习录》旧例为各讲拟一句诗为标题，连起来即是全书大义，这里也不必画蛇添足。可这部讲习毕竟是 2020 年的旧藏，虽然王师的序是新的，若不再新造一篇后记，说明一下讲习的来龙去脉，何以付诸君之望。

　　读完全部三十讲，诸君不难发现，这部讲习鲜明的特色是采用对话体。实际上，对话体非独是这部讲习的风格，也是山河大地业已完成的十六部经典讲习一以贯之的风格。在我看来，对话体是走进经典的最佳方式，因为人类各大宗的经典，要点不在提供系统的知识，而在涵养吾人的生命。既然每个人的生命都是生动活泼的，而且众生"根行不等、受解缘别"，读者若不能挺立自身的主体性，具体地参与到与往圣先贤的对话中，如何能起到涵养生命之功呢？宋明新儒家莫不视变化气质为儒学要义，但他们解读经典却惯用自说自话式的注疏体，岂能成功？六祖慧能批评此等人为"知解宗徒"，而后禅宗"不立文字"之风盛行，导致经教沦落，却又走向了反面。王阳明"龙场悟道"后写成《五经臆说》，晚年又付之一炬，可见他对注疏体的反动；他最终同意徐爱刊布《传习录》，把师友讲习《大学》的记录公之于众，实开交互发明式对话体阐释经典的先河，徐爱《传习录序》可知之矣。惜乎后继无人，即便王阳明弟子，或坠于注疏窠臼，不能生动；或疏于经典讲习，沦为狂禅。实则，人类各大宗原初的经典多为对话体，故经典的传习自当以对话体为最上。只是诸君看惯了市面上充斥着的注疏体，对话体反倒显得另类。如果这部《大学》讲习能多少给诸君一点方法上的启发，甚至能举一反三地运用于其他经典，那就再好不过了。

在这部讲习中，我还刻意保留了每讲的日期。时光荏苒，当年的讲习恍如就在昨日，可已经是四年前的事了。两千五百年前，孔子曾感叹时光如流水，"逝者如斯夫，不舍昼夜"。而在车马邮件都快的今天，时光更是坐上了高铁，飞奔而逝。我们坐在快速行驶的列车上，乐此不疲地在疲于奔命，来不及细加品味，时光已在指缝间悄悄溜走。我们失去了历史感，时间变得支离破碎。实际上，在生命的历程中，每一天都具有永恒的意义。人生不过百年，但每个个体的生命历程，实为民族人类历史的缩影。生命的真理就是在历程中呈现的，敏锐的历史感，能把吾人有限的生命汇入无限的宇宙，帮助吾人体验无限的意义。时间绵延，生生不息。人是活在历史中的，我们每个人都是民族历史的一个环节，而每一天又是我们每个人生命历程的一个环节。从2020年11月1日到2020年11月30日，山河诸友行走于花溪国宾府、桐木岭、福泉洒金谷、上海五角场，讲习不辍。那段讲习早已成为过往，但每日行思历历可查，记录在这本小册子里。每当有人捧起这部讲习，当年的场景便会再现于今日，我们注定的相遇，便又久别重逢。

说到这里，我不免有些惭愧。我原本计划用八年时间讲完人类各大宗经典，预计在三十部左右，却在讲完第十六部经典后因缘中止。党的十八大以来，习近平总书记提出要坚守中华文化立场，在中华优秀传统文化的传承发展上做了许多开创性的努力。民族复兴必然要求文化复兴，我之所以要讲习经典，因为我深切地觉悟到，文化复兴必以经典的复兴为前提。近代以来，因为要追赶西方的现代化，传统文化在现代化进程中遭到了前所未有的质疑。2022 年 10 月，党的二十大召开，以中国式现代化全面推进中华民族伟大复兴成为党的使命任务，文化复兴进程中诸多理论上的问题都得以澄清了。我决定先暂停小范围苦行僧式的凌晨讲习，借《〈庄子〉讲习录》出版之机，先于 2023 年初以"从'两个结合'到经典讲习"为名，举办了一场新书发布会，然后组织线下读书会，把经典讲习的理念推广出去。人的精力毕竟是有限的，虽然线下读书会开展了数十场，也取得了一定的效果，但我的夙愿却耽搁了。在此期间，山河最初的老友敬元君也因病过世，不能再与我同行了。而我何时才能完成最初的计划，亦在未知数。每念及此，怅然久之。

这部讲习打破了朱子"三纲八目"之说，澄清了古本《大学》的真面目。我也希望这部讲习能像一面镜子，时时检讨自己：为人谋而不忠乎？与朋友交而不信乎？传不习乎？是为记。

崔树芝于花溪孟关

2024 年 2 月 25 日凌晨